普天之下・盡是好書

普天出版家族
Popular Press Family

凌雲文創
A-Plus Creative Company

你也可以看穿對方心裡暗藏的秘密

法國文豪巴爾札克曾說：
**「人總是喜歡在別人面前炫燿自己，自己原本一無所有，**
**卻要處處裝出什麼都有的樣子。」**

# 看透對方心思

# 超強讀心術

## PRACTICAL PSYCHOLOGY

楚映天——編著

單憑身分、地位或外貌就輕信別人是人性的重大弱點之一，很多時候，造成我們判斷錯誤或遭遇欺騙的，並不是別人刻意僞裝，而是我們不具備基本的讀人概念。只要瞭解人性的人都知道，形象的眞正功用，並不在於表達，而是在於隱藏，因此，想正確地判斷一個人，千萬別只看他的外表，而要從一些細微的肢體動作著眼。這是因爲，一個人的眞正心思，往往會在做了言不由衷的事情之後暴露出來。

【出版序】

# 瞬間讀懂人心的超強讀心術

•楚映天

想要瞬間讀懂人心，其實並不困難。即便是初次相見的陌生人，你都可以憑第一印象抓出對方的目的與可能隱藏的個性、心思。

一個人不管如何遮掩，內心深處最眞實的一面，一定會透過表情、情緒反應、肢體動作和特殊偏好顯現出來，想在這個爾虞我詐的社會行走，就必須具備讀人讀心的重要本領。透過細膩的觀察，我們就可以迅速研判出對方心裡正在想什麼，是不是口是心非或言不由衷；提高自己的觀察與判斷能力，在人際關係中就可以無往不利。

心理學家愛德華．赫斯博士曾說：「想要看透一個人，不要只會用耳朵去聽他說些什麼，而是必須用眼睛去看他做些什麼。」

這是因爲，一個人的眞正心思，往往會在做了言不由衷的事情之後暴露出來。想要瞬間看透一個人，就不能光看他表現出來的那面，也不能光聽他說出來的話，而要從細微之處看穿他極力掩飾的另一面，以及藏在心中沒說出來的眞正心思。

想要把人看透的秘訣並不困難，重點就在於你是否懂得口是心非的人性。想要知道對方是什麼樣的人，想瞬間讀懂對方的心思，就千萬不能只用耳朵判斷，必須用眼睛仔細觀察他的一舉一動。

人與人之間，免不了必須進行溝通、互動。

從家庭、學校、職場，甚且社會，一個人的「成長」，說穿了就是透過不斷與他人相處從而逐漸改變、成熟的過程。

不妨想想，一天二十四小時之內，可能會碰上哪些人呢？想來數目應該不少！其中必定有已經相互熟識的，但也有可能是完全陌生卻不得不打交道的。無論面對哪一種，你有把握地與他們進行良好的互動，順利完成自己的期望與目的，而不使自身權益受損嗎？

回想一下過去的經歷，恐怕絕大多數人的答案都偏向於否定。

這正是這本書的撰寫主旨。

想要瞬間讀懂人心，其實並不困難。即便是初次相見的陌生人，你都可以憑第一印象抓出對方當下的目的與可能隱藏的個性、心思，且屢試不爽。不用懷疑，事實上，這就是「讀心術」的巧妙之處。

阿諾德曾說：「透識一個人的最快速方法，就是將他全身剝光，讓他赤裸裸地站在眾人面前，然後再看他做出什麼反應。」

因爲，如果這個被「剝光」的人，是一個行事光明磊落的君子，沒有什麼不可告人之事，那麼他就不會在衆人面前驚慌失措，如果這個被「剝光」的人，是一個專門幹無恥勾當的小人，那麼當他赤裸裸地站在衆人面前，就會手足失措，深怕自己的馬腳會不小心曝露出來。

唯有冷靜觀察對方的肢體語言，對細微變化旁敲側擊，我們才能眞正掌握一個人的眞實內在。

人是最擅長僞裝的動物，現實生活中道貌岸然的小人很多，如果你不想老是受他們宰割，那麼就得放聰明一點，才不會老是受騙上當。

我們遭遇的人，可能比我們想像中正直，也可能比想像中陰險，交往之前必須先摸清對方的人格特質與心理需求。從一個人所傳達的肢體語言，我們可以迅速研判出對方是友好的或是狡詐、充滿敵意的；具有這種觀察能力，在人際關係中就可以無往不利。

人人都有個性，影響著他們的思想、喜好，進而決定他們表現在外的所有行爲，只要不刻意掩飾——其實，就算用盡心機，還是會有小小的「馬腳」露出來，瞞不過眞正懂得讀心的聰明人。

學會從小地方看人性，你必定可以得到很大的實質收穫，無論面對上司、同事、下屬、客戶、朋友、家人，都將立於不敗之地。爲什麼呢？原因很簡單，因爲你已經完全把他們的心思掌握在手裡。

## 01. 培養正確的直覺能力

培養正確的直覺能力的方法，除了以第一印象的直覺來洞悉，必須再佐以對此人實際行為的判斷來證明直覺。



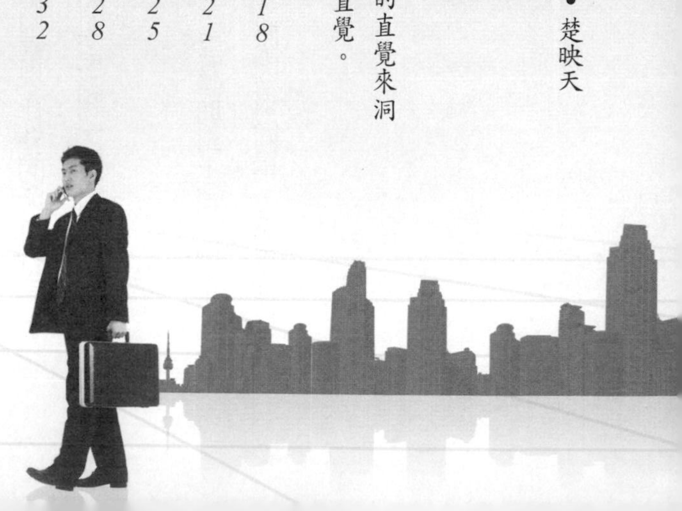

# 02. 看清性格上的「假面具」

有些人因為戴上與自己本性完全不同的假面具，很快就會露出馬腳，而陷入自我矛盾的煩惱中。

# 03. 只顧小事的人容易發生爭執

僅注意到細微末節的人，像兒童般的幼稚，凡事均以自我為中心，而且是屬於尚未穩定的自我。

# 04.

## 觀察眼睛，就能把對方摸清

孟子說過，觀察一個人的善惡，再沒有比觀察他的眼睛更好了，因為，眼睛無法掩蓋人的醜惡。

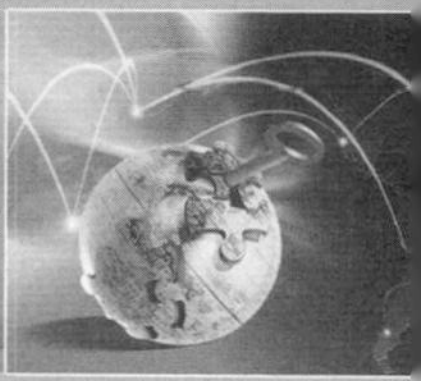

# 05. 從色彩的喜好透視個性

人類的心理既然與色彩具有密切的關係，我們當然可以利用它做為判斷對方心理的材料。

# 06. 死皮賴臉，說話充滿壓迫感

有的人臉部表情非常貧乏，反應並不太明顯。因此死皮賴臉的人，為確認自己講話的效果，常會一再重複使用「所以」二字。

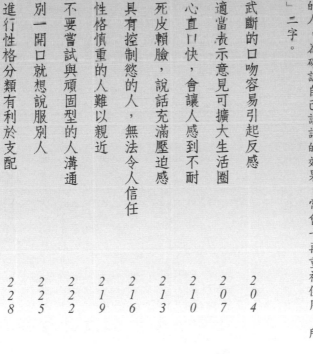

# 07.

# 太過親密，往往虛情假意

急功近利的人，才會不怎麼理會對方的心情，這樣的人是比較自私的，通常和這樣的人無法成為真正的知心好友。

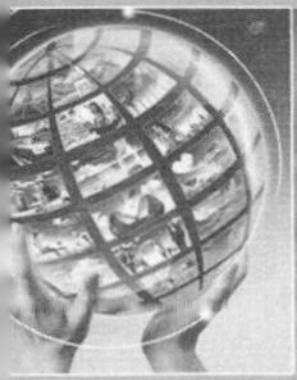

# 08. 如何聽出別人在想什麼？

巧妙地分析對方談話的口氣、速度、聲調，探究對方的內心正在想些什麼，這是增進人際關係的要點。

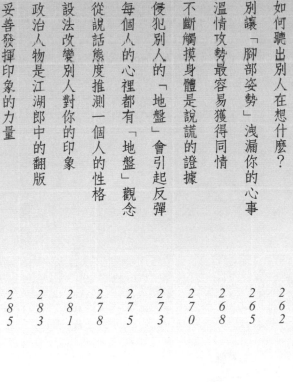

# 09. 表現弱勢是為了製造優勢

使對方覺得你很渺小，是引誘對方講話的最佳辦法。因為當對方向下注視時，心理上很自然地便會產生一種優越感。

# 10. 賣力，有時只是為了掩飾心虛

人是最會故作姿態的動物，發現某個人工作相當賣力，但是卻毫無效率，你就必須深入了解，他的賣力是否只是為了掩飾心虛的演技。

# 11. 如何一眼就看穿騙局

我們是否一直依照自己的思想在行動？是否依自己的主觀做決定？還是因為貪小便宜的心理作祟而跟著別人一窩蜂？

01

# 培養正確的直覺能力

培養正確的直覺能力的方法，
除了以第一印象的直覺來洞悉，
必須再佐以對此人實際行為的判斷來證明直覺。

# 從小動作看一個人的器量人格

要從極小的徵兆確實洞悉一個人的人品，觀察的一方也必須要有優秀的鑑識眼光，否則很容易看錯人。

法國哲學家尚福爾曾經說過：「在重大事件中，人們所展現的是自己最完美的一面，只有在瑣事中，他們才會暴露出本來的面貌。」

所謂見微知著，是指從一個人日常生活的小動作、小特徵，可以看到一個人的眞正性格，預測他未來的成就，以及如何與他應對。

據說，古代某位將軍發動政變之後，吃喝著京城裡的民衆獻給他的茶水與粽子，只見該將軍精神恍惚地連粽葉一起大口吃下，有人從這點便看透：「這個將軍的天下恐怕不會很長久吧！」

另外，有一位年輕武將外出狩獵時，在獵場附近的農家吃午飯。只見他俐落地吃食農家所煮的魚，剩下的魚骨頭也很整齊地放在盤子上，他的隨從便預言這位武將將來一定會成爲偉大的將軍，因爲他們從吃魚的行爲洞悉到該武將的性格。

上述的例子說明，人的器量和性格，可以從極小的徵兆加以洞悉。不過，要從這極小的徵兆確實洞悉一個人的人品，觀察的一方也必須要有優秀的鑑識眼光，否則很容易看錯人。

某大型銀行的董事長曾經錄用、培養了很多人才，但他在初次遇到一位職員時，卻充滿偏見地認爲他是「柔弱沒有用處的人」，將他降調到鄉下的分店。結果卻剛好相反，這位職員後來成爲一位很有名的企業家。

由此可知，以第一印象或一點點徵兆來判斷一個人，雖然有時猜得很準，但也有猜不準的時候，所以想要以這樣的方式來研究人性，其實是非常困難的。

年輕武將吃魚這個故事告訴我們，偉大的人物從小就開始展現出明快的性格，即使在吃魚這個小動作中也可以略見一二。

許多人認爲自己不夠聰明靈巧，即便再怎麼努力，也比不上資質優秀的人。其實，不需要感到沮喪，因爲很多例子告訴我們，人的聰明才智往往是有侷限的，例如許多有名的科學家和藝術家，雖然是某面的天才，但在日常生活上，卻完全像個任性的小孩或無知的白癡。

有位有名的舞台劇演員雖然在旅行時連如何購買車票都不會，但一旦步上舞台，卻展現出讓觀衆喝采的洗練演技。

所以，觀察一個人時，不可以只單看外表，或某一個層面，否則就會被所看到的事物所蒙騙，做出錯誤的判斷。

人是多面性的，沒有人完全沒有缺點，也沒有人一個優點也沒有，大都是集優缺點於一身。所以，想要洞悉一個人時，要捨棄表面所見，從他的日常行爲特徵，面面俱到深入觀察才對。

# 以偏概全很危險

在熟悉的故事裡，瞎子只摸到大象的一部分，卻誤以為這就是大象的全部，我們在觀察一個人的時候，也常會犯下相同的錯誤。

在《六度經》裡有個瞎子摸象的故事。

很久以前，有一位名叫鏡面王的國王，有天讓很多盲人撫摸大象，然後問他們：「大象長什麼樣子？」

結果，摸到象腿的瞎子回答說：「大象長得像木桶。」

摸到象尾的瞎子回答說：「象長得像掃把。」

摸到大象肚子的瞎子說：「大象長得像鼓。」

摸到象耳的瞎子回答說：「大象長得像扇子。」

摸到象牙的瞎子回答說：「大象長得像角。」

摸到象鼻的瞎子回答說：「大象長得像條粗的繩索。」

所有的瞎子都只摸到大象的一部分，卻誤以爲這就是大象的全部，其實我們在觀察人的時候，也常會犯了相同的錯誤。

人在潛意識裡有感情、慾望需求、性格、思考、優點、缺點等種種特質，亦即，人的整體其實是由許多部分所構成的，但觀察一個人時，我們通常只看得到其中的一部分而已。

所以，如果以偏概全，只憑所看到的一部分，就認爲自己已經看到全部，就會犯了如瞎子摸象一般的錯誤。

例如，只看到前述科學家或藝術家日常生活任性的一面，只看到舞台演員不會自己買車票的一面，就認爲「這樣蠢的人是做什麼也不會成功」的話，可能會造成無可彌補的錯誤。人本來就擁有各種不同的層面，只單看一面就貿然評價一個人，是很容易鑄下大錯的。

十九世紀時，有一位很會看人用人的將領，根據自己的經驗表示：

「我曾經在派遣三十名年輕士兵參加實際作戰之前，將他們分成三組。一是外表看起來像個男子漢又有才能的士兵，共計十人，我認爲他們一定很會作戰。二是外表看起來很柔弱，也沒什麼才能，也有十人，我認爲不會有所幫助。三是居於兩者之間，沒有特別強，也沒有特別弱的十個士兵。

讓這三十名士兵參加實際作戰的結果，被判定屬於中間的十名，既沒有臨陣脫逃，也沒有拚命作戰，如預測的，只是『普通一般』。但是，被判斷是有能力的十人當中，卻有一兩人出乎意外的膽小。而被我判斷爲沒有能力的十名士兵當中，有也一兩人卻出乎意外的勇猛無比。會對這幾個人評價錯誤，是因爲他們身上都隱藏著表面上看不出來的資質。」

這位將領的這番話暗示識人的困難，說明了只看表面容易出錯。

確實，即使以測驗的方式來測試人的性格，也常會出現與前述例子相同的結果。就算測試的題目設計得好，雖然有八、九成正確的可能性，但也還有一、二成偏差的可能性。

前述京城人看發動政變的將軍、隨從看年輕武將的例子告訴我們，只要深具慧眼，即使只是一點點的徵兆，也可以非常正確地洞悉一個人的性格。

但是，要注意的是，這並非百分之百正確，還是會產生誤差，因為，我們往往只單看一部分徵兆，就判斷全部；或是已經很努力仔細觀察各個層面，但還是有洞悉不到的隱藏關係。

# 思考模式決定一個人的價值

想要洞悉一個人是否具的有能力、有智慧，不可以忽略思考模式的差異性，尤其是系統思考型與擴散思考型這兩個系統。

一個超乎一般常識想像的人物，他的思考模式，是無法用一般尺度或判斷基準來加以衡量的。

著名的發明大王愛迪生，在孩童時代，記憶力非常差，讀小學時還被老師放棄，認爲他是無法接受學校教育的孩子，而將他退學。愛迪生的母親沒有因此放棄他，並給予深具愛心且正確的教育，使得愛迪生逐漸對學問感興趣，尤其愛好物理和電力學，之後便逐漸展現出發明家的才能。

提出進化論的著名生物學家達爾文，小學時代也是一個呆頭呆腦的孩子，反而妹妹梅亞麗的成績比較好，所以他的父親經常絕望地說：「如果你的頭腦能像梅亞麗那樣好就好了。」

不管是愛迪生，還是達爾文，雖然小時候都被認爲是頭腦很差的小孩，但像這樣的小孩如果找到自己喜歡的領域，不斷地努力，還是可以逐漸發揮他們的才能。

相信大家在學校都曾接觸過功課不怎麼樣，考試成績總是在及格邊緣，但在美術、體育或音樂方面卻很有才能的同學。

這些人在一般的學校教育體系裡，經常是被考試所淘汰、被師長認爲沒救的一群。但如果換個環境，讓他們培養才能，相信他們一定可以發揮個人的特殊專長，發展出自己的一片天空。

人類頭腦的活動，大致可以分爲系統思考型與擴散思考型兩種。所謂系統思考型是學校裡所謂天才的頭腦思考方式，擅長記憶及思考在學校所學的東西來解決問題，這種的頭腦活動常表現在智力測驗或學業成績上，所以別人對他們的優劣可以很容易做明確的判斷。

所謂擴散思考型，則是創造性的思考方式，因爲這種頭腦活動方式會往深處去思考，所以常會處於沉思中，因此，這樣的人才會看起來笨笨的。

而且，因爲他們很少將腦筋花在日常生活上，所以給人的印象也不太聰明。像愛迪生、達爾文等就是典型的例子。

在日常生活上，表現平平凡凡，甚至被認爲幾近於白癡的這一類型的人，就第三者來看，瞧不出他們有什麼能力，所以常會被烙印上「無用之人」的印記，但有很多時候卻不是如此。

所以，想要洞悉一個人是否眞的有能力、有智慧，不可以忽略思考模式的差異性，尤其是系統思考型與擴散思考型這兩個系統。

系統思考型者的表現顯而易見，很容易下判斷；但不要忘記還有一群屬於擴散思考型的人存在，他們的才能往往隱藏著，不容易被發現，不能因此就判定他們是一群愚蠢的人，應該要更仔細地從各種不同的層面去觀察，找出他們的能力，洞悉他們眞正的價値。

# 洞悉一個人，不能光看外表

有些人，在外行人看起來，覺得他非常有能力，可是就老手來看，這種人仍只是生手，算不上是行家。

某位商場女強人舉出下面的例子，說明不能用外表穿著來判斷一個人。

這位女強人說：「我擔任工頭的父親，小時候絕不會對我們說：給我用功點！否則就揍扁你！他時常教導我們做人的道理。例如他常常說，不能以外表穿著來評定一個人。身穿名牌西裝，或腳穿名牌鞋、手戴鑽錶的人，並不一定是好人。在這個世界上，就有外表穿著看起來很窮酸，但卻人品高貴的人存在。相反的，外表穿著華麗的人，反而有很多是不可信任的。」

這位女強人並舉例說，一位常去她家撿破爛的老人，就是一位不簡單的人。他非常的博學，常坐在工廠裡與父親聊三、四個小時。

雖然撿破爛的老人身分、來歷、學歷不明，但英文、德文卻都很好，也很懂國家大事。他還會姓名學、看手相、人相、陽宅風水等，且看得很準。

撿破爛的老人，有一天看著女強人的臉，告訴她的父親說：「你這個女兒將來會離開故鄉，一輩子單身，並且在社會上成名。」就如撿破爛老人的預言，這位女強人一輩子沒有結婚，成爲努力於工作的企業家。

撿破爛老闆在這位女強人家鄉發生空襲前的一個月，來家裡找她父親，說道：「値錢的東西最好趕快送到鄉下去存放好，且在下個月初盡可能不要留在這裡。」

這位女強人強調：「外表看起來很窮酸，職業也是一般人所討厭的撿破爛，但事後證明他的預測全都說中了。父親非常尊敬這位撿破爛的老人，常說自己從他身上學到很多東西。後來他站在被炸彈炸成廢墟的市區，拚命祈禱那位撿破爛老闆平安無事。」

這個故事告訴我們很多在洞悉人、評價人時的學問。

這位撿破爛的老人，根據這位女強人描述，可以得知他是一個非常博學的人。

問題是，這樣有學問的人為什麼會去撿破爛呢？

雖然我們不知道他的過去而難以推測，但可以想像的是，他或許是不喜歡和人接觸，且社會適應不良，不善於處世又非常頑固，所以縱然本身非常有能力，卻不為社會所接受。

這樣的人在社會上相當多，人不管學識再怎麼高，如果沒有適應社會的能力，就無法將所學完全活用在現實社會裡。如果由這點來衡量，那這個撿破爛老人的社會適應能力是非常低的。

還有，這個撿破爛老人的外文非常好，通曉人相、手相、陽宅風水、姓名學等，且算得非常準，其實他可以活用外文能力從事翻譯的工作或教學，也可以活用人相、手相、姓名學，給人看相為生。

但他不從事上述工作，卻寧願撿破爛過活，或許是因為沒有活用自己特殊才能的能力，也或者是，他所擁有的學識在當時社會並沒有用處也說不定。

這裡所謂沒有用處是指雖然他知道很多事情，看起來很厲害，但每一項都「博而不精」，在緊要關頭時完全派不上用場。

所以，想要以某項專長安身立命，還是要努力成為該領域的行家，必須擁有不輸他人的能力及見識才行。

我們可以見到有些人在外行人看起來，覺得他們非常有能力，可是就老手來看，這種人仍只是生手，算不上是行家。

這是因爲，要成爲某個領域的專家，並不是一件簡單的事。

另外，在某個專業領域有非常優秀的能力，但除此之外全然一無所知的「專家笨蛋」也大有人在。

這樣的人雖然對自己的專業非常的熟悉，能力也很高，但因爲他對其他事物一無所知，儘管讓他從事專業領域內的工作會有所發揮，但整體來說，還是很難有太好的表現。

# 優點和缺點是一體兩面

> 看人的尺度格局小，只能看到小優點，發揮有限。反之，如果看人的尺度格局大的話，就可以洞悉對方的優點，讓他能大大地發揮。

在評價一個人的價值時，觀察者自身的眼力是問題所在，衡量的尺度必然會影響評價的結果。

日本江戶幕府的建立者德川家康曾說：「聰明機靈的人沒有智慧。」意思是說，雖然聰明機靈的人做起事來很俐落，看起來好像很有用，但因爲這種人容易被眼前的事物所惑，所以發揮不了大智慧。

中國的韓非子也是有名的人性洞察專家，在評價人品方面擁有一把很精準的量尺，在這裡介紹一例。

魯國的名臣陽虎曾說：「如果君主賢明的話，臣下就會誠心誠意地追隨他；但如果身邊侍奉的是愚蠢的君主，臣下就會在表面上臣服，但心存異心。他們往往會欺瞞君主，圖謀私利。」

陽虎因爲這些話惹禍上身，被逐出魯國，後來他到齊國，仍被懷疑心有不軌，再次被放逐，輾轉來到趙國。趙國國君趙簡子卻很看重陽虎，對他評價很高，聘請他擔任宰相。

趙王的近臣勸諫說：「有人說陽虎這個人善於巧妙的營私。這樣的人怎麼可以任用爲宰相呢？」

但趙簡子卻不以爲然，回答說：「陽虎想趁隙奪取國政，我們當然要注意，小心監視，不讓他得逞。但更重要的是，只要我們有能力鞏固國政，那陽虎就沒有獲得私利的可能。」

事實上，趙簡子就是發揮他身爲明君的駕馭之術，巧妙的控制了陽虎，所以陽虎完全不能作怪，只能毫無二心的誠心侍奉君主，趙王的勢力也因此可以逐漸擴張，登上天下霸主的地位。

看人的尺度格局小，只能看到小優點，發揮有限。反之，如果看人的尺度格局大的話，就可以洞悉對方的優點，讓他能大大地發揮。

雖然善良的人有著不做壞事、很認眞誠懇、可以安心驅使的優點；但他們的缺點是往往行事的格局太窄小，成不了什麼大事。

相對的，個性很強烈的人，雖然稍稍對他疏於監控就容易爲惡，但相反的，他們卻常常能夠發揮優秀能力。

趙簡子洞悉到惡名昭彰的陽虎之優點，讓他的優點發揮到極致，所以成就了偉大的霸業。由此可知，趙簡子看人的尺度格局是很大的。

看人尺度格局小的人，只能看到老實人的優點，就算好不容易碰到有能力的人，也無法洞悉他的長處，讓他有所發揮。

人是一體兩面的，不可能只有優點或只有缺點。正直誠實的人雖然有非常容易駕馭的優點，但就因爲太過於老實，所以耳根子軟，容易受他人影響而改變自己的想法，有不足以託付重任的缺點。

個性強烈的人，雖然有不容易駕馭的缺點，但優點是，他們一旦接受或認同對方，就會貫徹到底，非常可靠。

謹慎的人有「小心駛得萬年船」的謹慎特性，所以託付他事情可以安心，但缺點是，因爲過於謹慎容易錯失良機，缺乏挑戰的精神，所以他們沒有較大的發展性。相反的，有旺盛挑戰精神的人，雖然很積極冒險，但也容易一敗塗地，讓身邊的人精神緊張。

像這樣，優點的反面是缺點，缺點的反面成了優點。人一定有兩面性，所以觀察的角度層面不同，對人品的評價也會產生很大的差異。

還有，如果看人的格局大的話，就可以廣泛了解對方的優點，而看人格局小的人，通常只會看到對方的缺點。

# 注意人性的多樣面貌

要判斷一個人，只觀察一面，是無法洞悉透徹的。要嘗試讓他面對各種不同的環境，觀察他如何應變，才能逐漸掌握此人的全貌。

眼界狹小或言行不一的人在看人時，會以各種有色的眼光、偏見看待對方，所以常會有看錯的情形。唯有人生經驗豐富、嚐盡人間酸甜苦辣又表裡如一的人，才能擁有正確觀察別人的眼力。

人不只有二面性，甚至是極多面的。

人的潛意識裡隱藏著各種特質，如果某個人的某種特質因爲外在的刺激而浮出表面時，他看起來就好像變了一個人。

例如，職員趙先生在銀行負責信用調查工作時，只展現他平常的一面，所以連善於洞悉人性的銀行董事長都沒能看出他眞正的才能。但當趙先生來到一間赤字連年的客運公司擔任總經理一職時，因爲公司需要不斷的創新力來進行改革，剛好使趙先生的獨特創新才能得以發揮。

要判斷一個人，如果只觀察一面的話，是無法洞悉透徹的。要嘗試讓他面對各種不同的環境，觀察他如何應變，這時潛意識裡的各種特質才會浮現出來。在了解各種不同層面之後，我們才能逐漸掌握他的全貌。

一個被擺在不適合的環境裡，看起來完全無能的人，如果進入適合他的環境，很多時候會如魚得水般發揮出重大的才能。

在職場上完全不起眼的人，擔任特別職務時，常會發揮令人訝異的才能，這是因爲他們獲得了符合自己需求的職位的關係。由此可知，從各種場合進行各種觀察是一件很重要的事。

就職場來說又該怎樣判斷呢？

我們可以觀察他在公司內外與他人互動時，在會議上的行爲或表現爲何，興趣是什麼，還有平常做什麼休閒活動，也可以觀察他被賦予困難的任務時，會做出怎樣的反應……等等。總之，可以從他在各種場合上的種種言行，再綜合上述觀察的結果來加以判斷。

要洞悉一個人，只根據偶爾看到的優點、缺點，就評價他是好或壞，無疑是錯誤的。重要的是要掌握時機，觀察此人的優點、缺點、癖好和人格特質等，看它們在各種場合是怎樣呈現的。

亦即，從各方面的表現來綜合研判，才能眞正評價一個人。

人的內心具有多面性，會隨著所處場合的不同，面對的人、事、物的不同，而呈現出各種不同的面貌。有時甚至會做出令別人感到訝異，好像變了一個人似的表現。其實這只是一個人性格的某些層面而已，並不是特殊情況。

這時我們應該要靜下心來，仔細加以觀察、瞭解，並多注意他的其他層面，才能眞正洞悉這個人的大體全貌，而不只是自己心目中認識的他。

## 人會因環境而改變

不能充分理解為什麼同一個人卻有非常不一樣的情緒反應，就無法正確洞悉一個人。同一個人卻判若兩人，是因為心境改變的關係。

愛略特曾經說：「性格既不堅固，也不是一成不變，而是和我們肉體一樣，會隨著環境的變遷，而有所改變。」

的確，性格好比種子，它既能長成香花，也可能變成毒草，至於變成香花或毒草的關鍵，就在於環境。

前面提到的趙先生雖然在擔任銀行信用調查工作時，只是平凡的小職員，但當他轉換工作擔任連年赤字的客運公司總經理時，就像變了個人似的，變得積極進取，不斷提出創新的點子，發揮了企業家的手腕。這是因爲人會隨著環境改變，新環境使他完全變了一個人。

在職場中，有些人如果剛好碰到適才適所的工作，可以做得很順利，但一旦工作內容改變了，就會變得什麼都不行。

有些人如果工作變得很有趣，就會很積極地投入，但如果熱情冷卻下來，相對的，也會逐漸變得消極。

有一位有名的主持人，只要一上了舞台就口若懸河、妙語如珠，但一走下舞台，他就成了另一個人，變得沉默不語，一句話也不說。此外，有人心情好的時候十分和藹可親，但情緒不好時，態度就會變得冷淡，晴時多雲偶陣雨，教人看不清楚到底哪一個才是眞正的他。

對這種人評價的好壞，因觀察者的不同，而有各種不同的看法。

就像這樣，如果不能充分理解這個人，加上我們本身也有著不一樣的心理情緒，就無法正確認識一個人。

有些公司的經營者，公司經營情況良好時，在別人眼中就顯得非常有自信，目光也非常有神；但當經營情況發生劇變，公司陷入窘境時，就會完全喪失自信，看來畏畏縮縮的模樣，教人懷疑眼前的人與之前所看到的那個充滿自信的經營者是否是同一個人。

同一個人卻前後判若兩人，是因爲當事人的心境已經改變了。因爲，充滿自信的時候，人的心境會以自信爲中心而被「完形化」，但當失去自信時，人心就會改以絕望爲中心同樣被「完形化」了。

在這裡說明一下什麼是完形化，心理學上有所謂的完形心理學（Gestalt），所謂完形是指整體、體制的意思。世上的萬物，往往都是集合某幾個部分，形成所謂整體或某個體制。

有一張兩個人物對看的側面圖，是一幅很有名的心理學圖像。如果看圖中央的話，它就好樣一只花瓶，但如果看圖的兩側，它就好樣兩個人對看的側面圖。以花瓶作爲圖的焦點，兩邊側面的臉就會變成背景而看不出來，如果以側面臉爲焦點，花瓶就會變成背景而看不出來。兩者無法同時看見，這就是所謂視覺的「盲點」，或是心理的「盲點」。

仔細看圖可以知道，這幅圖是由一只花瓶、兩個側面臉這三個部分所組成。當以花瓶的部分作爲圖的重心時，這幅圖就被「完形化」爲花瓶，而以側面臉的部分作爲圖的重心時，這幅圖就被「完形化」爲兩個側面臉。

人的潛意識是由慾望需求、本能、感情、知識、體驗、想法、優點、缺點等各種部分所構成。心理的型態會如同這幅圖，隨著上述各部分中的哪一部分成爲圖的「重心」而完全改變。

例如，前述的經營者當公司營運順利時，因爲自信浮出意識，變成整體圖像的重心或焦點，所以整個人也因爲自信而被完形化。但當情況改變、業績惡化時，絕望就會浮出意識，變成整體的圖像重心，整個心也因喪失自信而被完形化，所以這個人看起來就意志消沉了。

# 人心的微妙變化

洞悉一個人，不只是看現在，也要觀察他將來是否有成長的可能。觀察他是否有強而有力的自我控制能力，是一件非常重要的事。

人的內心充滿種種矛盾。例如，當信賴、善意、自信、行動的慾望、優點、積極、歡喜、堅強、喜好、認真等分別被組合成完形化的重心時，與由不信任、惡意、絕望、怠惰、缺點、消極、憤怒、懦弱、討厭、不認真等組合成的比較起來，即使是同一個人也會給人完全不同的印象。

至於到底哪一方會被完形化，完全因外來的刺激或環境等而有所不同。

我們的心理機制會不斷改變，是因爲外來的刺激，使心理的某一部分遭受誘導，浮出意識佔據圖的中心位置所致。所謂外來的誘導就如前述一般，因人處的環境不同，有各種刺激、痛苦、打擊、逆境、失敗……等等。

日本心理學家指出，許多年前東京奧林匹克運動會上，許多觀看日本與前蘇聯爭奪排球冠軍賽的球迷，可以清楚看到選手們心理機制的微妙變化。

比賽中，當日本隊取得發球權，對前蘇聯隊擊出強而有力、非常完美的一球時，日本選手們的心理因爲自信而被完形化的情形就顯得非常明顯。但如果有人發生失誤，喪失發球權，受到蘇聯隊強力的攻擊又沒有接到球時，選手們的心理就會因喪失自信被完形化，導致失誤連連。

不久之後，如果因爲前蘇聯隊的失誤而取回發球權，且進攻又獲得成功的話，日本隊的心理就又會因自信完形化而變強。從中可以看出日本隊的心理機制變化得非常激烈，蘇聯隊的情況也是如此。

雖然我們知道心理機制會因外來的刺激而產生微妙的變化，但它是否總是被外在的刺激影響？事實上未必是如此。刺激所產生的變化，往往有很大的個人落差。

爲什麼會產生個人落差？這是根據每個人在面對刺激時，本身是否具有良好的控制能力來決定的。

即使處於順境心理，已經因自信而完形化的人，突然又遇到逆境、失敗時，心理馬上又被絕望所完形化的情況並不少。但相對的，也反而燃起鬥志，越挫越勇，被滿腔熱血所完形化的人。這時只要觀察他的心理較容易被什麼所完形化，就可以正確掌握這個人的性格。

只因爲一點點的打擊、稍不順心的事情，心理就立刻由好的機制變成壞的機制的人，自我控制能力很薄弱。這樣的人容易被自己的缺點、壞處所完形化，即使天資很高，也會逐漸變壞。

相反的，雖然天資不一定很好，但不輕易因打擊、逆境、失敗等而氣餒，可以維持良好心理機制的人，必將可以逐漸嶄露頭角。

我們要摸清一個人性格的時候，不只是看現在而已，也要觀察他將來是否有成長的可能。而在洞悉一個人的未來發展性時，觀察他是否有強而有力的自我控制能力，是一件非常重要的事。

# 目標動機決定人的控制能力

重要的是要在緊要關頭能發揮優點，順利完成事情。唯有在這個時候，才能顯現出一個人真正的價值。

一個人的心理機制是否容易改變，與「自我控制能力」有非常大的關係，但自我控制能力的強度到底是根據什麼來決定的呢？

答案是決定在目標動機的旺盛程度上。

所謂目標動機是指貫徹達成所定目標的慾望，目標動機旺盛的人，會以達成目標爲宗旨，強力發揮自我控制的力量，所以心理的機制不容易崩潰。即使有一時性的崩壞，也可以立刻重新建立積極的機制。

有位學者在學生時代雖然常常遭到同學欺負和排擠，但卻未喪失他心中的正面機制，反而更燃起鬥志，理由是想趕快獨立，追求成功，讓侮辱自己的人刮目相看，這種人的目標動機非常旺盛。

甲諸侯非常憎恨乙諸侯，策劃打倒乙諸侯，便找來兩位武將幫助自己。爲了摸清兩人的人品，他擺設一個不講究上下禮數的酒宴，仔細地觀察兩人的行動。結果，兩人幾杯黃湯下肚之後，不是失去自制力，就是沉迷於女色，完全忘記要控制自己，甲諸侯因而斷定這兩個人成不了人事。

因爲某些不用講禮數的場合，就心情鬆懈亂說話，甚至忘記上下輩分的人其實很多。如果能仔細觀察這一點的話，不但可以透視對方的眞面目，也可以明白對方是否是一個自我控制能力薄弱，不可以信賴倚靠的人。

人的價值是由自我控制能力的強弱來決定的。

一個人不管怎樣努力嘗試營造良好的心理機制，如果自我控制的能力薄弱，只要一點點的刺激、打擊，好的心理機制就會立刻崩潰，變成壞的心理機制，那麼，一切都是枉然。

參加企業徵才面試的人，如果想讓人覺得自己端莊大方，就會極力將端莊大方完形化，將它呈現在考官面前。但有些人一旦遭到考官質疑，受到打擊時，立刻就會被憤怒或悲傷完形化，心理的機制也因此完全走樣。

因為打擊而引發出的憤怒、悲傷情緒，在考場上應該要壓抑，防止它浮出意識才對，因此，我們隨時都要發揮強大的自我控制能力。如果一個人自我控制能力過於薄弱的話，就無法地壓抑憤怒、悲傷等負面情緒。

在人的潛意識裡有各種的感情和慾望，這種種的感情、慾望很容易因為外來的誘導、打擊而進入意識中。

當然，自信、鬥志、積極等情感意識化是沒有問題的，但當絕望、怠惰、消極等感情意識化時，就會產生非常負面的效果。所以，當負面情感快要浮出意識時，人一定得發揮壓抑它們的自我控制能力才行。

如果一個人的自我控制能力薄弱，就無法壓抑上述的負面情感，使它們因外來的刺激、打擊而進入意識，讓整個心被它們完形化。

變成這樣時，只要一點點的刺激、打擊，缺點就會整個浮現出來，帶給人沒有自信、生性怠惰又消極的印象。

人不單單只有優點或只有缺點，是優缺點兼有的。

問題是，什麼時候發揮優點，什麼時候會表現出缺點，平常不太容易看得出來。但當處於困境時，可以發揮很大的勇氣，或一直努力到底的人，都屬於自我控制能力很強的人。

相反的，有的人平常愛說大話、伶牙俐齒，但一遇到困境就慌慌張張，不知如何是好，不是專做傻事，就是完全喪失意志，毫無疑問的，是自我控制能力薄弱、不可信賴倚靠的人。

總之，重要的是要在緊要關頭能發揮優點，順利完成事情。唯有在這個時候，才能顯現出一個人真正的價值，也唯有可以相當程度達到這點的人，才是擁有相當自我控制能力的人，才是目標動機旺盛的人。

# 培養正確的直覺能力

培養正確的直覺能力的方法，除了以第一印象的直覺來洞悉，必須再佐以對此人實際行為的判斷來證明直覺。

在摸清一個人的性格之時，很多人是以直覺來判斷的。

如果我們的直覺一直都很準的話，當然沒問題，可是，事實上猜不準的情形也很多。這是因爲對方同樣也會爲了不被看穿，而設計佈局、故弄玄虛，或者演戲欺騙我們。

即使我們有意識地提醒自己，小心不要被騙，但因爲反作用心理、補償心理等因素而被迷惑，使自己錯亂的可能性實在很大，讓我們的直覺變得不靈光。

爲了要克服上述障礙，培養出正確的識人能力，就必須訓練出不受各種障礙迷惑的正確直覺能力。

要如何才能夠培養正確的直覺能力呢？我們除了以第一印象的直覺來感應對方的心，再佐以對實際行爲的判斷來做證明之外，別無他法。

我們的直覺無法進步的原因，在於我們完全只憑第一印象看人，事後又沒有深入地進一步觀察所致。事後不再進行判斷的做法，經常變成「瞎猜」，與一些術士的面相學一樣不足爲信。

爲了避免犯錯，我們必須藉實際的事物去判斷，證明第一印象或直覺的可靠性。我們要去尋找證明判斷結果的證據，找出情報以確認自己的判斷無誤。

其實，這樣的做法，一般家庭主婦都很「擅長」。例如，太太發現丈夫最近有點怪，立刻產生出好像外面有女人的直覺，然後太太就開始注意丈夫的一舉一動，尋找佐證的情報。結果發現丈夫最近經常去理髮，又發現丈夫很注意領帶、襯衫、鞋子等，穿著變得很時髦。

太太接著就會想更進一步尋找更確實的情報。比方翻先生西裝的口袋，找看看是否有酒店的打火機、發票，襯衫領口上面是否沾了香水味、口紅印等。太太拚命努力地四處尋找，再組合所有可疑的情報，如果先生不小心將酒店小姐的名片放在衣服裡的話，立刻就會被懷疑。

又例如做父母親的人，當小孩的零用錢需求增加、晚上很晚才回家、有化妝與愛打扮的徵兆出現時，直覺也一定會敏銳地動起來，判斷小孩或許是被壞朋友誘惑，恐怕會走入歧途，就開始進一步蒐集佐證的情報。

父母親組合種種徵兆與蒐集來的佐證資料，就可以確定自己的懷疑是否正確，然後做出應對之策。

就如上面所說，很多人常常犯了以第一印象、直覺來判斷一個人的錯誤。其實，直覺就好像瞎猜一樣，單憑自己眼前所看到的「事實」來斷事、論人，結果可想而知，猜不中、看不準的可能性是極高的。這全都是因爲缺乏輔助證據，無法證明自己直覺是對是錯。

總之，如果想鍛鍊摸清別人性格的直覺，最重要的是經常注意異常的徵兆，如果直覺懷疑這個徵兆有怪異之處，就進一步採證，以訓練自己的直覺能力。

# 組合身邊種種情報

當情報有二、三個時，可以將它們組合起來，讓情報的意義更加明確。想要洞悉對方，組合情報是很重要的一件事。

聽說某一位大企業董事長，當他想了解部屬工作的態度時，最重視的是部屬與自己見面那瞬間的動作。

當部屬敢正視自己的臉微笑時，就證明他在工作上也是充滿活力的。

如果部屬避開董事長的眼睛，或顯得畏縮的話，就可能是他工作不順利，或心中有什麼不滿，無法全心全力工作。原因可能是因爲直屬上司對他不重視，使他缺乏自信、心生煩惱或是不滿的關係。

也有人利用文件資料、帳面上的數據來評價部屬的工作能力，但文件資料、帳冊要作假或粉飾其實是很容易的，所以只憑文件資料、帳冊來研判，反而很容易發生錯誤，倒不如憑藉見面時的印象來判斷，會顯得比較簡單確實。

前述這位董事長能夠憑藉部屬與自己見面瞬間的動作，摸清部屬工作的積極度以及是否對工作不滿，是因爲他累積相當多的經驗。其他人想建立同樣的直覺就必須下一番功夫，例如要更仔細觀察部屬日常的行爲舉止及工作態度，然後加以對照，印證見面瞬間的直覺是否正確。

我們通常容易僅以一個情報就去下判斷，而當情報有二、三個時，更要好好把握，將它們組合起來，讓情報的意義更加明確。想要徹底摸清一個人，組合種種的情報是很重要的一件事。

例如，一個主管如果想洞悉部屬是否心懷不滿、是否喪失工作的活力，或是想辭職跳槽到別家公司，最重要的仍是注意部屬所顯示出來的種種徵兆，再嘗試組合自己所蒐集到的徵兆。

像這樣多加注意、觀察，就會發現「最近老是遲到、工作態度很馬虎、動作很遲鈍、說話也很情緒化」等徵兆。將這些徵兆組合起來，或許可以察覺這位部屬的情況非比尋常，好像隱藏著某種涵義。

爲了謹慎起見，主管應該再仔細地回想，比較部屬以前表現的態度、工作的方法、動作、表情、說話等等，結果也許更可以明確證實，最近出現的種種徵兆是「不尋常的」。

爲了更進一步明確掌握眞正的原因，要再去蒐集更多的情報。比如去問問這位部屬的同事們、仔細調查部屬的工作內容，或直接找當事人聽取他心中的不滿、煩惱等，讓原因逐漸明朗化。

總之，要培養洞悉一個人眞實內在的直覺，重要的是，平常就要訓練自己對眼睛所看到的現象、對所得情報的敏銳直覺，努力區別重要與不重要的事物，同時掌握重要事物的內涵意義。

在這裡舉個日常生活的實例說明，如何根據行爲來摸清一個人的性格。

首先，「男性上廁所時」的行爲可以窺得他的個性，有以下三類：

1. 上廁所很靠近小便斗的人，很具積極性，但稍嫌欠缺注意力。
2. 上廁所離小便斗很遠的人，個性很謹慎，但卻有消極之嫌。

3.不遠不近，採取適當距離上廁所的人，對情況的判斷很正確，頭腦非常冷靜。

但是，僅以這個行爲來下判斷還是很危險的。因爲僅此一點，無法證明自己的解釋是否正確，有猜中的時候，也有猜錯的時候。

所以接下來，看看這個人「洗手時的動作」。

1.將手帕或紙巾拿出來銜在嘴裡，然後洗手、擦手的人。這樣他的口袋就不會弄溼、弄髒，這是非常謹慎的人。

2.洗完手之後，手溼溼的伸進口袋拿出手帕擦手，這樣的人有點思慮不周。

3.不是不洗手，就是洗了也不擦乾，這種人有點陽奉陰違。

如果知道一個人是屬於上述三項的哪一項，再與第一個三項行爲模式搭配，就可以更加瞭解他的心理。如果還嫌不足，可以再將這個人的日常生活態度組合起來觀察，就更加明白了。

多觀察一個人的「日常生活態度」，再判斷他屬於以下何種類型。

1.雖然很積極、很具行動力，但有時會有三分鐘熱度的情形。

2.生活態度過於謹慎，有點消極。

3. 頭腦非常靈活，對任何事情都可以冷靜地做判斷。

如果，這三項各自與第一、第二個三項相互符合的話，那麼就可以非常明確知道這個人的性格。

但要注意，眞實的情況有時卻未必如此，情報之間也可能會有相互矛盾的情形，這時，爲了確定哪一個情報才是眞實的，就必須收集更多的情報，正確掌握與解讀情報所代表的意義。

02

# 看清性格上的「假面具」

有些人因為戴上與自己本性完全不同的假面具，
很快就會露出馬腳，而陷入自我矛盾的煩惱中。

# 看清性格上的「假面具」

有些人因為戴上與自己本性完全不同的假面具，很快就會露出馬腳，而陷入自我矛盾的煩惱中。

我們也許曾遇過態度非常豪爽的上司，當下屬拿企劃、成品或文件請他裁奪時，他總是說：「嗯！很好！很好！」

與他商量工作發生的難題時，他也會慷慨地一口承擔下來，說道：「好的！讓我來！」用這些方式表示豪爽。

可是，如果仔細加以觀察，可能會發覺，他在某些方面竟然出乎意料地刻薄，例如他對上司唯唯諾諾，而對下屬些許的失敗卻嘮嘮叨叨。

平常行動粗魯、做事莽撞的女孩子，一旦陷入戀愛後，會突然變得十分溫柔，甚至連講話都輕聲細語，突然令人覺得過分多禮；平常「哈哈哈」的爽朗大笑已消逝得無影無蹤，取而代之的是掩嘴微笑……

上面所述的現象，我們稱之爲故作安詳狀。心理學家榮格則將之稱做***persona***（原意為假面具），這是探討人類個性時，不可忽視的一項特徵。

我們將它形容爲故作安詳狀，似乎有點過分，其實，這是人的本能之一。每個人進入新環境或擔任與過去完全不同的角色時，爲適應新的處境或立場都會引發這種自然反應。

在今日社會中，高居要職的社會名流多半屬於上述類型，例如松下電器公司的老闆松下幸之助之類的人物，本來是屬於內向型，不過他們在實業界、政治界中的表現，也都融入了外向型的特徵。

人的性格並不是天生就已經定型，後天還會繼續發展，特別是智能隨著年齡逐漸提升，人類便會自然產生控制自己的念頭，而致力於改變自己的性格。例如，在家裡任性頑皮的小孩，上學之後，在學校卻會乖乖聽從老師的教導；女孩子在戀愛時，爲了被愛，會表現得更溫柔；職員升任主管後，爲使部下對自己畏服，於是凡事以老大自居。

像這種性格改變純粹是一種假面具的反應，假面具一旦戴上後，久而久之就會與眞面目混淆不清，難辨眞假。

其實，在人類的性格表面，已經戴上好幾層假面具。不過，有些人因爲戴上與自己本性完全不同的假面具，很快就會露出馬腳，而陷入自我矛盾的煩惱中。

# 了解對方性格是交友的不二法門

各種場合的交際人都有一定的界限，我們應該對這一點有所認識，與人交往時方能應對得體。

據說，有位名評論家與任何人談話之時，都十分坦白誠懇，所以即便是初次見面的人，也很容易會向他傾訴自己的興趣、愛好，以及自己過去的種種得意與不如意。

他從來不會因爲對方年齡比自己小，或地位比自己低而擺架子，不論對方的性別、年齡如何，他講話時的態度都是同樣地專注、熱誠。這是一般所謂的開誠佈公性格，是善於交際的最典型例子。

他雖然能夠很快的與人建立親密良好的關係，但是與對方即使交往再久，也不會輕易把自己的一切毫無保留地完全呈現出來。

也就是說，他知道與人交往必須要有所保留，在某種程度內，他會誠懇地把自己表現出來，只是，有關自己內心深處的看法、想法，他卻不輕易透露隻字片語。

像這種善於交際的人，大都會爲自己定出可以公開的內心限度。因爲他瞭解什麼是能夠向大家公開的部分，所以非常善於結交朋友。

相反的，社會上也有許多害羞、莽撞、不善交際的人。他們在陌生人面前，從不談論自己的事情，至於別人的事情，也很少過問。

所以與人初識時，彼此只能以極爲陌生的客氣話寒暄，不易建立親近的友誼，這種人即所謂的不善交際類型。

與這種類型的人來往時，如果因某些因素而使彼此突然親近起來，他反而會積極想要親近對方，會喜歡向對方坦白自己的一切，輕易地向對方吐露自己的心聲。

這時他不僅同對方談天、吃飯，甚至還會做家庭性的親密交往。這種人的外表雖然看起來十分堅硬，可是只要能夠衝破那層保護的外殼，便會發現其實他們的內心非常軟弱，很容易眞心地與你坦誠相處。

研究此種性格分類法的美國心理學家雷明認爲，人類的交際意識是由數層類似同心圓的結構所形成的。

構成內容大致可分爲兩類：第一類如葡萄一般，外層柔軟，而中心卻很堅硬；第二類卻如胡桃一般，外殼堅硬，而中心卻極柔軟。

當然也有人的性格是介於二者之間，屬於中間類型。雷明認爲美國人的性格多屬葡萄型，而德國人的性格則多屬胡桃型。

大致而言，東方人的性格比較接近德國類型，尤其年齡較長，或是出身鄉下的人，這種傾向更爲明顯，但是年輕人及都市居民的性格，則比較接近美國類型。

比如在社交場合中，以個人生活爲話題時，馬上發言應和者大都屬於葡萄型，你可以與他們輕輕鬆鬆交往，但是如果過分親近，有可能會遭到他的排斥。

相反的，胡桃型的人雖不易親近，但是只要你願多花工夫與他親近，一旦衝破對方外殼，他馬上就會成爲你的親密朋友。

另外，有些人在職業性的社交、應酬中，僅以同心圓的表面與人交際，與公司同仁相處時，會深入同心圓的第二層，至於對男女間交往的朋友，則會進入同心圓的第三層。

各種場合的交際大多有一定的界限，我們應該對這一點有所認識，與人交往時方能應對得體。

## 分裂氣質型的人沉迷戀愛夢

分裂氣質的類型，就體型方面來看，這種人的特徵為兩肩下垂、體型瘦削，還有頭髮濃密、皮膚慘白、面部小而呈蛋形。

下面這則故事，是某大學教授述說的眞實事件。這位教授的研究室中，有位A先生，最近舉止突然異於往常，旁觀者能夠清楚看出他的表情深沉憂鬱，一副悶悶不樂的樣子。

朋友們都非常關心地問他原因，然而他卻三緘其口，不願把心中的話和盤托出。但從A先生的言詞中推斷，他可能愛上同事B小姐。

這位教授恰巧有個與B小姐談話的機會，於是他便以A先生爲話題，把A先生工作的情況詳細告訴B小姐。

此時，平日講話非常率直的B小姐，便把他們兩個人之間的事情毫無保留地告訴教授。

根據她的說詞，B小姐本人很早就發覺A先生對她有特殊的情感，她也曾經向他表示某種程度的好感，可是A先生卻從來沒有寫過情書，或者主動向她提出約會的邀請。

即使兩人偶而單獨相處時，A君就像有滿腹的煩惱一般，憂鬱而愁苦，似乎很想向她傾訴衷曲，嘴裡卻說不出半句話。所以她根本無法推測他內心眞正的想法，也不知該如何表態。

教授認爲B小姐說的話，的確有她的道理。A先生是位面貌清秀、身材修長的好青年，由平常的舉止言行，教授斷定他是屬於克雷馬性格分類法中的分裂氣質典型人物。

據人格心理學家克雷馬所說，身材修長的人在性格方面，多半屬於分裂氣質的類型。

就體型方面來看，這種人的特徵爲兩肩下垂、體型瘦削，還有頭髮濃密、皮膚慘白、面部小而呈蛋形。

就性格方面來看，他們多半不太關心周圍的事情，遇事冷淡，不易與朋友融洽相處。這種人自我意識很強，喜歡躲在自己的角落裡，愛好孤獨，整天沉迷於自己的興趣與夢想中。

此外，他們對細瑣事情的反應太過敏感，是屬於害羞而容易臉紅的人，所以經常會拘泥於小節，而不夠豪爽大方。

這種類型的人一旦戀愛，不是極端的狂熱，就是極端的冷漠。

他們之所以戀愛，並非想和對方結婚，或感受愛慕，而是先在心中創造一個理想的偶像，再把這種理想嵌入現實生活中的對象身上，因此他們所愛的其實是「愛」的本身。這種人一旦失戀將會極度痛苦，終日失魂落魄，甚至以後再也不會輕易掉入愛河。

B小姐聽了教授的話，瞭解A先生的性格，因此巧妙地與他配合，二人終於步入結婚禮堂。

由上述這件事可以了解，與分裂氣質類型的人交往，最重要就是必須小心留意對方心理上任何細微變化，與他保持一定的距離。

言行上不可過分隨便，最好能夠以明朗坦誠的態度與他相處，不要使對方有心理上的壓力，才是正確的相處之道。B小姐便是利用這些原則，終於成功的。

# 小心應付躁鬱型人物

躁鬱型的人物，內心的感情很容易流露在臉上，尤其當他暴躁易怒時，顯然內心正處於不平衡狀態，更必須小心應對。

有位著名的電視節目主持人，是個受人歡迎的人，言行舉止會使周圍的人愉快而有生氣。

特別是在宴會上，他經常會說：「啊！這道菜眞好吃！啊！那道菜也不錯，味道鮮美極了！眞好吃！眞好吃！」如此一面大吃大喝，一面高談闊論，使人覺得他是眞正在享受飲食的樂趣！

像這種喜歡吃喝的人，大都具有幽默感，並且擅長講笑話，是屬於善於交際、性格明朗的類型。在你的四周一定也有這種類型的人吧！

依體型來看，這種類型的人大多較爲肥胖，脖子短短的，臉圓圓的，且頭髮稀疏、臉色紅潤，到了中年多半會禿頂，這樣的特徵正是人格心理學克雷馬所謂的躁鬱型。

大致說來，躁鬱型的特徵與分裂氣質型剛好不同。躁鬱型的人善長社交，屬於樂天派，具有享受生活的強烈傾向；他們之所以能夠如此暢快享受吃喝的快樂，就是因爲這種性格所致。

這種類型的人戀愛時，會盼望與對方深入交往，但是在表示愛意之前，通常都會先考慮實際條件，例如是否能夠與對方結婚、終生廝守等。

此外，這類型的人也有喜怒無常的現象，好壞情緒時常交替出現。再依各人表現之不同，可分爲明朗的躁型與陰沉的鬱型。

就歷史上的人物而論，法國大革命期間與羅伯斯比同時活躍於政壇，備受法國人民歡迎的米拉伯，以及爲蘇聯政治帶來新作風的赫魯雪夫，就是屬於這類型的人物。因爲他們善於處理人際關係，思想接近現實主義，一般而言，實業家、政治家之中，這類型的人居多。

此外，在影劇界中樂天派的躁型也比較受觀衆喜愛，許多影劇紅星都是因此而獲得成功。

因爲這型的人很容易與人交友，因此朋友很多，當作遊樂的玩伴或講話的對象時，多半能夠與對方保持良好而愉快的交友關係。

可是，他們的情緒起伏很大，喜怒無常，有時候又太多話，因此無法避免出現態度隨便，甚至偶而會令人感到討厭。

還有，躁鬱型的人舉止有時稍嫌輕浮，反應不夠快速，所以戀愛時，時常會讓對方覺得他沒深度，而且，這類型的人對愛情也不專注，所以時常爲感情問題而困擾。

與這種人爲友時，最需要注意的，就是快快樂樂地使自己與對方的步調配合一致。特別是在進餐時，採取這種態度，馬上便會與他成爲朋友。

要是你的上司也屬於躁鬱型的人物，你只須適當地奉承他，適切地表現出依靠他的態度，便可獲得他的提拔與青睞。但是，由於他們的心情起伏很大，喜怒無常，所以如果不小心應付，會有弄巧成拙的可能性。

躁鬱型的人物，內心的感情很容易流露在臉上，所以當你看到他與平常不同時，最好還是少講話爲妙，尤其當他暴躁易怒時，顯然內心正處於不平衡狀態，更必須小心應對。此外，這類型的人有時會突然由快樂的情緒轉變爲鬱悶不樂，所以也要特別留心。

因爲他們喜歡社交，所以有不侷限於小事、不拘小節的性格，因此即使受到他人責備，或與他人爭吵，也會很快的把這些不愉快的事情拋開，絕不會耿耿於懷。另外，當他們不高興時，只要接近的方法恰當，也能使他們轉悲爲喜。如果能夠體會這一點，巧妙地運用與他們交往的秘訣，必定能夠獲益良多。

## 運動選手型的人，拘謹又暴躁？

肌肉癲癇氣質型的人，反應則比較慢，不善體會別人微妙的心理變化，或者無法迅速分辨同伴之間的氣氛。

「你希望自己的對象屬於那一類型？」

大部分年輕女性對這個問題的答覆幾乎都選擇運動選手型。大概是因為運動選手給人年輕、豪爽、充滿活力的印象吧！可是，事實卻並不然。

人格心理學家克雷馬將運動選手型的人，列入肌肉癲癇氣質型，一言以蔽之，即性格拘謹型。

這類型的人多半會把自己打扮得整整齊齊，對一切事物的態度都很在意；金錢方面也比較節儉，不奢侈，但是講話嚕嗦，思考方法極度公式化，不知權宜變通。

一般說來，分裂氣質類型的人對周圍的事物反應冷淡，躁鬱氣質類型的人，比較能夠適應周圍環境，至於肌肉癲癇氣質型的人，反應則比較慢，不善體會別人微妙的心理變化，或者無法迅速分辨同伴之間的氣氛。

他們對別人輕微的批評或揶揄，大都不會在意，即使感覺到了，也往往會默不作聲。

不過若是這種揶揄一直持續下去，超過忍受的限度，他們可能會突然爆發，有時甚至會使用暴力。

由於他們屬於肌肉型，所以充滿精力與行動力，對於一切事物，不論大小繁簡，都會耐心的去做，絕不會因為一點小挫折而氣餒，具有腳踏實地的性格，因此也有人把這種癲癇氣質性格稱為黏著氣質。

這類型的人從事軍人或警察等職業，成功的機率很大。大概是因為他們比較遵守規矩，瞭解自己的工作性質，而且樂意將精力完全傾注於工作上的緣故吧！

可是，相反的，他們不適合從事設計師、藝術家、新聞記者、商人……等需要自由思想及權變機智的工作。

也就是說，這種人不適合從事需要創造力的職業，因為他們排斥一切破壞傳統形式或價值而創造出來的新事物。

由於這類型的人比較拘束，言詞笨拙，話題較少，所以與他們做朋友會感到很沒趣。

不過，這種人做事認真有節度，絕不會因情急而脫離常軌，因此，以這個角度看，他們是值得信任，而且比較容易相處的人。

上述類型的人，如果是公司主管，會對屬下嚴格要求，他們非常講究禮節、規矩，思考方式一絲不苟，態度拘謹，做事腳踏實地，按部就班，因此頗值得信賴。

這類型的人做情人或丈夫，雖然不夠體貼與瀟灑，可是卻能帶給妻子絕對的安全感，生活穩定，毫無風險。

他們的外表雖然很穩健，但是內心卻隱藏強烈的情緒，有時會忽然將壓抑不滿的情緒爆發出來，因此必須特別小心。

此外，這類型的人最憎惡怠忽職守、做事馬虎、敷衍了事，以及不遵守上下禮節，或態度不佳的人。因此，我們必須以端正的態度，與這類型的人交往。

# 有狂妄性格的人容易走火入魔

自我主張型的人容易與人發生糾紛，因為他從不相信任何人，老是希望把對方打倒；因此與他交往，經常有人受到陷害。

在精神病患當中，喜歡妄想，而且老是拘泥於自己妄想的病者，一般稱之爲妄想症者。

日常生活中，有的人雖然不一定患有精神病，但是他們的這種性格傾向卻相當明顯，因此也可以稱爲妄想型性格。我們由史達林、希特勒等獨裁者的行爲中，可以看出他們也具有這種特點。

在日常生活裡，我們不容易接觸到性格太過極端的人，可是在某種程度內，具有類似傾向的人卻不少。

例如，談天之時，一抓住機會就說「我是……」的這種人，便屬於自我主張的類型。

這類型的人看見別人穿著比較流行的服裝時會說：「我對這種服裝不感興趣！」看到朋友失敗時，也會說：「我早就預料到啦！」

此外，發生事情時，他所持的態度是：「因爲沒有我幫忙，所以這個問題才無法解決！」

自我主張型的人自信心與自尊心都十分強烈，他們所表現出來的態度並不是故作姿態，反而是將心中眞實的想法，直接表現於舉止言行中。

這種人從不理會別人善意的勸告，反倒會把他人的勸告歪曲地加以解釋，藉此加強自己的信心。如果別人責備他，他就會不顧一切地加以反擊，所以，遇到這種人實在很難相處或溝通。

同時，這類型的人很容易對某件事情走火入魔，常常固執己見，擁有特殊的人生觀，此外他們講話的態度亦十分獨斷。

例如，他會用「這個人不行，他是個小器鬼！」等斷言批評他人。另外，這種人的另一個特徵是迷信於宗教，固執遵守古老的忌諱，並時常強迫他人接受自己的主張。

在事業方面，他們爲獲取成功及飛黃騰達的日子，往往會毫不考慮的攻擊或利用他人。

在人際關係上，自我主張型的人容易與周圍的人發生糾紛，因爲他們從不相信任何人，老是希望把對方打倒，因此與他們交往的人之中，經常有人受到陷害。

總之，這種類型的人是令人厭煩的鄰居，也是難以相處的朋友。

但是，由另一方面看來，由於這種人自尊心很強，因此只要多多巴結他，博得他的歡心，想要獲得他的援手並不太難。有時，甚至還會與自己的「對手」連合起來，打倒共同的敵人。

所以，就這一點而言，與其得罪他不如與之和平相處，因爲將他變成敵人，會非常難應付；若將他變成朋友，便可安心地依賴他，並且可以由他那裡獲得一臂之力。

尤其遇到這樣的上司時，如果能夠技巧的進入他的保護之下，那麼便能輕而易舉的控制他。

# 外向型人物樂觀善變

對於別人委託的事情，他們不會回絕，但卻不一定能夠完全負起責任，有時甚至會將承諾對方的事情，忘得一乾二淨。

有個朋友在咖啡店裡喝咖啡時，往往會說：「這種咖啡眞難喝！」看到長得漂亮的服務小姐，就會說：「妳眞漂亮！」結帳時，收費太貴的話，他就會說：「眞會坑人！」

不管在什麼情況下，不管碰到什麼事情之時，只要心裡想到什麼，就會馬上脫口而出。可是，這樣的人，與其說他喋喋不休，還不如說他很坦白，雖然他會口出惡言，但是說過就算，絕不會懷有惡意。

也許，有時他會怒髮衝冠，大發雷霆，不過很快就會雨過天青，忘得一乾二淨。

所以這種人反而容易相處，因此他們大都有許多朋友。

這種人對外界的刺激十分敏感，而且反應的速度極快，是會立刻反映內心感情的類型。

精神分析學者榮格認爲，人類的心靈有種精神能源，把這些能源向外發揮者稱爲外向型，向內發揮者稱爲內向型。假使依照榮格的說法，前面所述的那種人即是屬於外向型。

所謂外向型，就是善於交際的人。這種人喜歡熱鬧，要是周圍沒有很多人環繞喧嘩，就會感到十分寂寞。

不管遇到什麼人，他都喜歡上前搭訕，藉著說些恭維的話，而與對方扯個不停，談話的內容不外乎是別人的八卦或批評。總之，話題大都侷限在有關他人的事情上。非但如此，這種人即使對陌生人也是這樣，在大庭廣衆之前毫不怯場，有些人甚至特別喜歡在衆人面前高談闊論。

因爲他們喜歡交際，所以喜歡幫助別人，富有人情味。聽到他人的處境不順時，甚至還會難過得流淚，但是由於過度熱忱，有時反而會幫倒忙。

由於他們太受感情的支配，所以有些時候不足以信賴。對於別人委託的事情，他們雖然不會回絕，但卻不一定能夠完全負起責任，有時甚至會將承諾對方的事情忘得一乾二淨。

此外，他們對環境的適應力很強，不管在什麼環境都能結交到好朋友；遇到任何困難的問題也都能以樂觀的態度加以解決。

所以在工作方面，以從事需要良好人際關係的服務業最爲合適，推銷員、商人、實業家、政治家中，這種類型的人成功的例子不少。

例如，結束日本戰國時代，極受人民擁護的豐臣秀吉，顯然是屬於這一類型的人物。

與外向型的朋友外出郊遊，會感到非常愉快，合力工作時，也具有調劑的作用；遇到困難時，這種朋友會誠心誠意地幫忙我們。

但是，外向型的人也有缺點，他們講話大都不負責任，善變而不可靠；做事時無法全心全力，容易對工作厭煩。這種性格極端發展的時候，甚至會變成食言而肥的人，所以千萬不要過度相信這種人的承諾。

# 內向型人物有強烈防衛意識

內向型的人外表看來似乎非常懦弱，可是在某些方面卻出人意料的堅持，甚至可以說相當頑固。

有種女性，當男士以輕鬆自然的態度與她談天時，她會緊張而不自然；當男士向她表示好感時，她會臉紅心跳，低頭不語；當男士表白心中愛意時，她更會手足無措，不知如何是好。

遇到這樣的女性，我們時常會說：「她太內向了！」這就是精神能源向內發展的類型，與外向型的人正巧相反。

所謂內向型就是表示一個人特別會保護自己、關心自己，儘量避免使自己受到外界的刺激。

所以，內向型的人經常會為雞毛蒜皮的小事而憂心忡忡，卻無法清楚表白自己的立場，甚至在必須做判斷時，往往徬徨猶豫，躊躇不前。如此的結果，當然會變得不善交際。

他們時常會關在屬於自己的象牙塔裡，而不願意與別人來往。情形嚴重的話，甚至會造成遠離人群、固步自封的後果。

但這並不是在強調內向型的人難以相處，他們雖然無法輕易與人結交，毫無拘束地與人融洽相處，可是如果與他們長久交往，便能夠深切體會他們的優點。

例如，這種人心地善良、溫柔體貼、誠實可靠、講話能夠替對方著想等。另外，還非常尊重朋友，因此與這種人交往，較能維持長久的友誼。

內向型的人外表看來似乎非常懦弱，可是在某些方面卻出人意料的堅持，甚至可以說相當頑固。這是由於保衛自己的心理比較強烈的緣故，因此即使別人邀約，他也不會隨便答應。

換言之，這種人經常喜歡與人唱反調，尤其是對新的事物，或是計劃的改變，拒絕的反應往往非常強烈。

如果不知情，隨便勸他與你同做某件事，很可能會遭到他的立刻回絕，而感到難堪與尷尬。

通常這類型的人大都具有社交性，能夠與大家融洽相處，可是一旦超過某種限度時，就不會與人做更深入的來往，此種性格與前述之分裂氣質性格極爲相似。

在工作方面，這種人比較適合從事人際關係單純，只需要一個人專心努力的工作，尤其適合於深思的工作，所以技術員、辦事員、法官、研究者、圖書管理員以及手藝專家中，這種類型的人佔大部分。

與內向型的人來往時，最忌諱肆意侵犯他的領域，要是隨便侵入，很可能引起對方的拒絕反應，而使他們加強防範，提高警覺。

這種人在交友方面屬於被動型，若是期待他主動伸出雙手與你接近，那麼你們之間的友誼，永遠都不會有開始。

這種態度，內向型的女性表現得特別強烈。接近他們最好的辦法就是採取逐漸親近的方式，慢慢解除對方心中的戒備，一步步與其建立良好關係。一旦開始交往後，因爲他們的朋友不多，因此用情特別深厚，如果能建立親密關係，彼此間的感情必然能夠維持長久。

對方若爲異性，當然就更適用了。

但是，這種人時常爲一些芝麻小事耿耿於懷，缺乏判斷力，立場態度經常曖昧不明。遇到這種情形時，如果能變成他的好顧問，適時給予一些忠告，加強他的信心，那麼你們之間的友情便能夠發展得更加穩固。

另外，我們經常會發現，某些男性在酒醉之後，性格時常乖變成另一種人格類型，不是糾纏他人不放，便是故意向人挑釁；這種人也都屬於平常過分壓抑自己的內向型人物。

# 歇斯底里性格虛榮感強烈

歇斯底里，本來意指過分壓抑自己而轉變為哀叫、哭鬧的失神行為。這種性格特徵最明顯的，就是自我誇耀慾十分強烈。

有個喜歡擺闊的女生進入某大學就讀時，不同於一般大學生多半穿著牛仔裝，總是打扮得像是準備參加宴會似的，花枝招展。

當她走進教室時，若是有人讚美說：「妳這套洋裝眞漂亮！」她就會露出「你們有眼光」的態度回答說：「當然，這是法國製的舶來品！」暗示那件東西的昂貴價值。

她經常裝模做樣的抽著香煙，一邊說：「暑假我要到愛琴海旅行！」或是自言自語：「價錢昂貴的音響設備還是有存在的價值！」似乎有意講給周圍的人聽。

她所談論的話題，幾乎隨時都在炫耀自己；除了財富外，凡是看了影評很好的電影、讀過的暢銷小說，或者獲得新流行的訊息時，她都會大吹大擂，用這些來炫耀自己的知識與經驗。

像這種類型的人，我們將他們的性格反應稱之為歇斯底里性格，其中以女性尤為常見。

歇斯底里性格的女性，大多是由於小時候受到雙親溺愛，性格倔強，所以長大以後，無法脫離自我中心的習性。因此遇到困難或不愉快的事情時，便會退化至幼年時期，而引發歇斯底里的習性。

所謂歇斯底里，本來意指過分壓抑自己而轉變為哀叫、哭鬧的失神行為。這種性格特徵最明顯的，就是自我誇耀慾十分強烈。

比如喜歡穿著華麗的服裝，虛榮心強，希望引起人家的注目，喜歡吹牛，撒謊時面不改色，講話時表情十足，像在演戲……等等。

由此看來，女演員中彷彿很多這一類型的人，不過就某種意義而言，我們也可以說，這種性格與她們的職業配合得極為巧妙。

另外，這種性格還有另一項特徵，亦即心理不脫孩子氣，例如任性、自我中心，遇到不如意的事情，就會像小孩般，脹著臉，哭哭鬧鬧的。

聽到不中聽的話，或被迫講不願意講的話，心情就會非常惡劣，甚至非常生氣。這種現象要是過分嚴重，有可能變成精神官能症，不過患者自己通常不會承認。

他們還有類似小孩子不認輸的心理，因爲不願意輸給別人，因此具有這種性格的女性經常會向別人誇耀家產。

具有這種性格的男性總是希望比同伴先一步領到駕駛執照，或者希望到海外旅行，藉以炫耀自己的優越感。

此外，他們經常將周圍的人物假想成競爭對手，而無法與人坦誠交往。雖然這些人在心裡並未懷有任何太大的企圖，可是他們卻會爲了競爭比賽而與朋友反目，或者背地裡批評他人，說別人的壞話。

這是一種適應力薄弱的表現，表示他們在性格上已經出了問題。

就某種意義來說，這種人看起來似乎具有很強的適應力，可是實際上卻不是這麼一回事。相反的，善於巧妙僞裝自己的人，隨著身心的成長，性格會逐漸成熟，這種人才能算是具有適應力。

外向與內向的問題理應與假面具的問題合併討論。比如性格內向、不善交際的人，經過長時間的努力，也能夠表現外向的一面。

性格外向、行動輕率的人，出現內向型深思遠慮的特徵也屢見不鮮。而這些人才是最具適應力的人，值得我們給予較高的評價。

歇斯底里性格的女性，大多是由於小時候受到雙親溺愛，性格倔強，所以長大以後，無法脫離自我中心的習性。因此遇到困難或不愉快的事情時，便會退化至幼年時期，而引發歇斯底里的習性。

# 強詞奪理的人顯得陰沉

把焦點放在發現別人的弱點，伺機進攻，很容易會犯了狹觀的毛病，捨本逐末，陷入偏執的死胡同而不能自拔。

在現實生活中，我們經常會碰到這樣的人：別人說東，他偏說西；別人說西，他就要說東，無論如何就是要跟別人唱反調。

這種人喜歡強詞奪理，即使明知道自己錯了，也從來不會承認錯誤，而是執意重複自己的觀點，並爲此找來各種各樣的藉口。和別人辯論時，他們總是一定要得到勝利才會善罷干休。

像這樣喜歡強詞奪理的人，個性多半都比較陰沉，覺得眞理是掌握在少數人手裡的，而他們自己就是那些少數人。

他們始終認爲自己的觀點和做法絕對正確，只是別人的水準太低，無法理解而已。因此，爲了要使自己的觀點得到認同，就一定得反對別人，即使自己的立場和觀點別人難以理解和接受，也要盡力辯駁。

喜歡強詞奪理的人，特徵是時時刻刻都企圖說服他人接受自己的觀點，誰不接受自己的觀點就反對誰。雖然一般人在自己的觀點被別人反對的時候，同樣也會感到不高興，但是，大部分人可以透過自我反省發現自己的不足。

人貴有自知之明，喜歡強詞奪理的人卻缺少這種「自知之明」。因此這類人往往樹敵過多，人生的道路上也會遇到很多障礙。

在日常生活當中，要是遇上了這種強詞奪理的人，一定要小心應對，因爲他們心中常常有一股鬱悶之氣不能排解，很容易爲了發洩心中的不快而動輒與人辯駁，甚至大動干戈。

與這種人談話的時候，最好不要發表肯定性的意見，否則會遭到他們的強烈反駁。即使是正確無誤的說法，他們也不會表示贊同，因爲他們認爲只有自己說的才有道理。

跟他們講理是行不通的，只能巧妙地周旋應對。與這樣的人相處，最好的方法是含含糊糊地跟他們保持意見一致，然後把話題岔開。

這種個性陰沉的人還有另一項缺點，那就是常常以偏概全，喜歡抓住別人的缺點進行攻擊，言辭也比較尖銳。他們的反應很快，一旦抓住對方的弱點，就會馬上反擊，不會給對方留下迴旋的空間。

不過，這樣的人也有一項優點，就是分析問題很透徹，常常是一針見血，可惜的是，也因爲如此，在言語上更不會爲對方留下任何餘地。

由於他們經常把焦點放在發現別人的弱點，伺機進攻，所以常常會犯了狹觀的毛病，只看見自己執著的，甚至會捨本逐末，陷入偏執的死胡同而不能自拔。

# 神經質的人喜歡虛張聲勢

強迫精神性格的人對任何事情都缺乏自信，過分掛心於事情的枝節末葉，接觸到任何新事物時，會感到手足無措。

有些人經常東張西望、慌慌張張，與人講話時，也含含糊糊，不肯明白表示自己的立場。由工作態度來看，他似乎對自己毫無自信，無法乾淨俐落的處理事情。

這種現象我們稱之爲「強迫精神性格」。這些人心中，由於被某種感情或思緒糾纏，自己明明知道某種表現不合理，卻無法擺脫，因此難以隨自己的意思做事。

這種人要是情況嚴重，就是所謂的罹患精神病。不過，很多人都有輕微類似這種傾向的性格特徵，因此這也算是不足爲奇的事。

具有此種性格特徵的人，一般稱之爲神經質，他們喜歡大驚小怪、杞人憂天，任何雞毛蒜皮的小事都掛在心上。

當他們身體稍有不適，便會懷疑是否生病了，工作遇到小挫折，就以爲是天大的事情，對於輕微的失敗，會一直牢記在心。

患有食慾不振、失眠、便秘，或抽搐（例如經常激烈眨眼或面部不正常牽動的現象）等症狀的人之中，大部分屬於這種類型的性格。

他們的人際關係不好是預料中的事，因爲這種人在與人相處時，經常害怕受到指責，所以應對時往往考慮過多，動輒臉紅、舉止笨拙，容易產生自卑久而久之，他們會本能地對朋友卻步，儘量避免與朋友見面。

強迫精神性格的人對任何事情都缺乏自信，過分掛心於事情的枝節末葉，觸到任何新事物時，會感到手足無措，尤其無法立刻做出明確的判斷，經常處於被動的狀態。

因此，他們對別人的意見百依百順，無法開口拒絕，有時雖然本身並不樂意，也會勉強同意。

這種人不管做任何事情，內心都無法產生圓滿達成的滿足感，當然也沒有成就感。他們腦海中經常被某些強迫性的觀念糾纏不已，例如把信投入郵筒之後，就會擔心信封上沒有貼郵票，或者害怕弄錯地址了；一天到晚不停洗手，就寢之前如果沒有唸唸經或禱告一番，讓心靈有所依靠，就難以入眠。桌上的每樣物品，一定得安置在固定位置，否則便不能安心。

這些習慣，都是由強迫觀念所造成的。

這種類型的人爲隱藏自己的神經質，在外面偶爾會虛張聲勢，但多半躊躇、懦弱，在家中卻又像暴君一樣蠻橫，表現自己的威風。

在他們的心中，其實並未懷有惡意，所以與這種人做朋友，不會受到陷害。可是，與他們相處卻也非常難過，所以在人際關係的經營上，最好不要與這種人深入交往。

要是彼此在同地方工作，或者是商業往來的客戶，非接觸不可的話，最好儘量與之保持距離，避免私人上的交往比較好。

與這種人做朋友時，必須先設定交往的態度，若能夠禮貌地與之應對，便可使他產生信賴感，有助彼此安心地來往。

03

# 只顧小事的人容易發生爭執

僅注意到細微末節的人，像兒童般的幼稚，

凡事均以自我為中心，而且是屬於尚未穩定的自我。

# 掌握性格三元素，打開人際第一步

衡量一個人的性格時，可以將理智、感情、意志，用三角形的三點代表，再依個人傾向的不同，做綜合性的判斷。

一天上午，忽然發生強烈地震，辦公大樓的人們馬上騷動起來。這個時候，A先生首先考慮到地震的強度，以及應該採取的措施，然後才從容地行動，B先生則立刻不顧一切地向外衝。

至於C先生，他認爲爲了地震這種小事匆匆忙忙的，實在太難看，因此他按捺著緊張的心情坐著不動。

這三種人的反應完全不同，也具有完全不同的性格。

德國心理學家梵特，將人類心理方面的作用分爲感情、理智、意志三方面，每個人的性格都是依照這三方面發展的強弱狀況來決定的。

若是依照他的分類解釋前述三種情形，那麼A先生屬於理智型，B先生屬於感情型，C先生則屬於意志型。

不過，通常人類的性格是由前述三種作用錯縱複雜混合在一起，而以綜合性的姿態出現，因此不能依這三者單純地分類，必須由相對性的觀點加以判斷才行。

衡量一個人的性格時，可以將理智、感情、意志，用三角形的三點代表，再依個人傾向的不同，注意強弱的部分，做綜合性的判斷。如此，這個人的性格便會清晰地浮現在我們的眼前。

一般來說，較傾向於理智型的人，遇事人多會站在客觀的立場思考，理智地加以判斷之後，再採取適當的行動。

可是，由另一方面來看，這種人卻缺乏應有的感情。他們雖然非常聰明，能力極高，但是通常沒有溫暖的人情味，所有的舉動都是站在功利主義的立場，凡事講求利益。

對於友情，他們也非常冷漠，是經常利用朋友的冷酷型人物，這種行爲不禁令人聯想到汲汲鑽營、長袖善舞的政客。

此外，有種人雖然屬於理智型，可是意志卻很薄弱。

這種人在做事前多半能夠用心思考，潛力也很強，可是缺乏判斷力與實踐力，因此他們常常無法充分發揮潛能，很容易流於優柔寡斷，遇到挫折時，也很快就會灰心。

其次，偏向感情型的人，感情十分豐富，具有細膩的感覺與強烈的同情心，是屬於交友廣闊的類型。

這種類型的人如果缺乏理智，容易受到感情的驅策，無法正確判斷面臨的危機。他們的性格善變，經常會爲一點小事而極度興奮或悲傷，可以說是屬於不正常的性格。

屬於感情型而意志不堅的人，情緒大多不穩定，遇事只會附和別人而缺乏主見。另外，這種人很容易將心中的喜怒流露於臉上，一會兒微笑，一會兒生氣，令人覺得他的情緒難以捉摸。

傾向於意志型的人極有耐性，具有不屈不撓的個性，富於實踐力，不論在生活或道德方面，絕對不會逾越規矩，是屬於腳踏實地的類型。

可是，這種人如果理智脆弱的話，則可能會做出獨斷或自私自利的行爲。因此雖然極具耐性，但是做事卻不太有效率，甚至還可能爲別人帶來困擾，可以說是一種獨善型的人。

此外，屬於意志型而缺乏感情的人，性格大多呆板而毫無變通權宜的餘地；跟這種人交往會令人感到彆扭而不能接近，因爲他們多半心地狹窄，並且喜歡強迫別人接受他們的主意，是屬於頑固型的人。

# 崇拜權威的上司最會虐待部屬

想要與權威主義性格的人來往，首先必須掌握他們的特性，了解對方的想法之後便可以採取陽奉陰違的原則。

在心理學的實驗中，有一種顏色板的測驗；這實驗藉助一疊由黑色逐漸變成灰色、白色的顏色板，先將它們顯示在測試者面前，再讓他們逐一說出色板的顏色。在這項測驗中，某些接受測試的人雖然明明看到色板的顏色逐漸由黑轉變成灰色，卻仍然果斷的說：「是黑色！」直至翻到非常接近白色的色板時，他們又會武斷地說：「是白色！」

由這種反應，我們可以藉著被實驗者對顏色區別的失真，明顯地判斷出他不願意承認在黑色與白色之間，還存有灰色的曖昧中間色。也就是說，具有這種反應的被實驗者，是屬於獨斷性格的類型。

社會學學家弗洛姆將這種性格稱之爲權威主義性格，並認爲中產階級中大都屬於這種性格。

二次大戰期間，希特勒所倡導的國家主義，所以能夠盛行，便是以中產階級的權威主義心理爲基礎。

一般來說，現今中產階級的這種傾向也十分強烈。

例如，我們迷路的時候，常免不了會相當迷惑徬徨，而苦惱著：「到底應該往哪個方向走呢？」在這種狀況下，有些人會用很有把握的口氣說：「走這邊，一定錯不了！」

這種事在人與人交談時，也時常會出現，同類型的人常以一貫獨斷的口吻說話。例如，有人在事業上失敗，他就會說：「這個人根本不行！」用一句話就爲這個人下評語。

要是發生糾紛，這種人可能根本就不問青紅皀白，武斷的指著某一方說：「一定是他不對！」

這種人性格雖然十分獨斷，可是卻又往往欠缺判斷的能力，常被似是而非的觀念左右。

比如，他會說：「那個人是一流大學畢業的，一定很了不起！」或是說：「這只錶是外國貨，所以性能很好！」或者：「時下一般年輕人，在人格修養方面實在太差了！」等等。

由於這些或先入爲主的陳舊觀念的影響，使他們對於任何事情，常未經思考即做貿然的判斷，輕率下結論。

所謂權威主義性格的特徵，就是凡事都從上下的權力關係和立場著眼。當事人會尊敬有力量、有權威的人物，並且努力博取權威者的好感，事事依順服從他。相反的，對屬下、晚輩或較自己力量薄弱的人，就常加以藐視，甚至還會欺侮他們。

進一步說，具有這種性格的人，面對權威者時會有種被虐待的衝動，而面對那些居於自己下風的人，卻有種想去虐待對方的慾望。

因此，這種人會將上司的命令奉爲聖旨，而絕對服從，有時爲了服從命令，甚至願意犧牲自己。

此外，還會喜歡以權威的言論來表達自己的行爲或想法，例如他會驕傲地說：「某某有名的學者如此說，所以……」或者：「這是一流的商品，所以……」或者：「這是董事長的命令，所以……」

除了上述特徵之外，權威主義性格的人對自己的國家、公司、團體，通常十分的忠誠。

大多數愛國者或愛護公司的人，都屬於這種類型。

他們認爲守規矩與遵守秩序，是最高的道德表現，討厭不切實際、過分自由的東西。軍人或警察中，這種類型的人極多，理由就在此。

相反的，對上司、權威、國家或法律強烈反抗的人，就某種意義而言，也是一種權威主義的表現，在工會領導人、革命者、學生團體幹部中，也有許多這種類型的人。

想要與權威主義性格的人來往，首先必須掌握他們的特性，了解對方的想法之後便可以採取陽奉陰違的原則。

如果想要說服這種人，最有效的辦法就是巧妙地使用權威，或者使彼此間的談話，由具體的開始，逐漸深入討論引導，進而瓦解對方的原則，這種漸進方式比較有效。

# 只顧小事的人容易發生爭執

僅注意到細微末節的人，像兒童般的幼稚，凡事均以自我為中心，而且是屬於尚未穩定的自我。

心理學上，有種人格診斷法，可診斷是否有只注意細節的性格。

請被測驗者看一個滲透在布上的墨水斑跡，然後問他這個斑痕像什麼，依照他的答案，就可以判斷出他的性格。

平常人看過墨水斑痕後，大多是掌握全盤的形狀，回答道：「看起來很像一隻蝴蝶！」或者說：「是一個正在跳舞的洋娃娃！」

但是，有些人卻會將注意力集中於某些細微末節的地方，而答道：「這裡好像是洋娃娃的手！」「這裡好像是蝴蝶的腳！」

像這種僅注意到細微末節的人，從他們的性格來看，並不算是個成熟的人。這種人想法像兒童般的幼稚，凡事均以自我為中心，而且是屬於尚未穩定的自我。

當公司召開銷售政策的會議，希望與會者發表意見，以訂定新的銷售方針時，總會有人提出一些與會議無關的小問題。

比如：「價格可以降到什麼程度呢？」「如果經銷商有意見，我們應該如何應對呢？」或是「推銷時，我與誰同組？」等等。

其實，這些問題只需要自己稍加判斷，便可輕易得到答案，根本不必在會議中提出討論。

這種人在日常生活中，必然也是這個樣子，桌上稍微髒亂一點，就會大加挑剔，表示桌子太亂，使他無心工作；別人說話時，無意中犯的語病，會成為他攻擊的重點；買東西時，甚至會為幾塊錢，與店員斤斤計較。

造成上述性格的因素，可能是因為成長過程中受到太多的保護，一直很任性，所以長大成人後，也不能建立獨立的性格。

這種人在思考上，常以自我為本位，不但經常忽略他人的存在，更無法顧慮到人際關係，時常會爲雞毛蒜皮的小事，與他人發生爭執。

如果有人對他採取包容、接納的態度，他就會完全依賴這個人，繼續在這個人的懷抱中我行我素，任性胡爲。

一般來說，只重小節不顧大體的人，與人交往時，很少考慮到上司屬下、年齡、男女之間的關係，而且想法多半不切實際。

因此，有時會爲了與朋友競爭，而不擇手段，或是與已婚的男女談戀愛，甚至經常會因爲發生口角糾紛，就衝動地辭職離開公司。

另外，這種人大多不善觀察周圍狀況，做出理性判斷，例如看到自己喜歡的東西，往往不顧一切統統買下，等到錢花完了之後，才開始爲缺乏生活費而擔心。

如果他們一旦沉迷於賭博，就會脫離正常軌道，使生活陷入絕境。此外，這種人的器量十分狹窄，缺乏自主性，內心經常充滿不安，很容易爲小事耿耿於懷，經常對自己做過的事情感到懊悔。可以這麼說，這種人的性格連自己都極爲煩惱，更何況是別人。

總之，這是一種問題相當複雜的類型，任何人只要與他有點關係，都會惹上麻煩，而疲於應付。

對付這種人只有兩種辦法：第一、是以包容心接納對方，使對方感到你具有父親般的權威；第二、是以強力壓迫對方，不准對方有任性的行爲，以表示權威。

但是，最好的方法，還是將上述兩種辦法巧妙地配合使用，對方自然能夠對你心悅誠服。

即使對方是你的上司，只要他是屬於這種類型，也可以採用高壓手段壓制對方，或許會有意想不到的效果。

# 心智不成熟的人無法長久交往

長久與心智不成熟的人相處，會令人產生壓倦的感覺，共同工作，也不能使人安心。交往愈長久，愈覺得是個累贅。

有些男生在年齡較長的女性面前極爲受寵。由於這些男性少爺味道十足，有些方面還特別嬌弱，使人覺得如果不照顧他，他將無法生存。

與這種情形相當類似的是，有些年輕女生很喜歡接近成熟的中年男子。由於她們的想法與舉止也都十分孩子氣，尤其會令中年男性覺得不去照顧或幫助她，實在太殘忍了。

所以，他們往往會挺身而出，表演英雄救美，也因此使得這類大學女生在感激之餘，更凡事依賴他，向他撒嬌。

當那些有妻子兒女的男性，與那些年輕女生在不知不覺中，跌入感情漩渦時，常常因而引起家庭風波。

上面所述的兩種被照顧的人與朋友去咖啡店時，經常會聽從對方的安排，自己毫無主見，別人點什麼，他們就吃什麼。

他們雖然不會主動提出約會要求，可是如果別人邀約，卻會很高興地同意；與人談天時，很快就會將自己的煩惱或寂寞心情全盤托出。這種性格的特徵是被動、依存性強、無法忍受被孤立。

著名的精神分析學者弗洛伊德認爲，人類具有性慾主導的本我，這是一切精神活動的來源。

性的慾求是與生俱來的本能，從嬰兒時期就已經存在，這種慾求的發展過程可分爲四個階段：第一階段是由口腔即可獲得滿足的口腔期，第二是由肛門獲得滿足的肛門期，第三是意識到男根的男根期，第四、最後即達到性器的性器期。

可是有些人由於種種原因，在生長過程中無法正常發展，而使本我停滯於口腔階段，這種人通常稱爲口腔期性格，上面所提到的那種凡事依賴他人，在別人的包容之下，胡作非爲的任性性格即是。

口腔、性慾與性格之間具有不可分的連帶關係，舉例來說，一個人失戀後，馬上會產生觸摸口唇的動作；又如青春期的青少年春心初動，多半有想抽煙的念頭。

另外，大家都知道，經常吸吮母親乳房的嬰兒，將來極可能變成具有強烈依賴而任性的孩子，相反的，如果嬰兒時期未讓孩子滿足地吸吮乳房，那麼他在成長期間必然會產生情緒不穩定、好哭的現象。

口腔性格的人，的確較能夠獲得年紀較長者的寵愛，也能夠吸引異性的注意與關心。

除此之外，這種人因爲性格明朗而坦白，與人相處愉快，對他人的心情很容易產生共鳴與感動，因此極受周圍人的喜愛，朋友也很多。但是，這種人長大成人以後，經常無法養成自主性與積極性，容易受人煽動，並且習慣依附別人，這一類型的人在性格方面往往有許多缺陷。

長久與這種人相處，會令人產生壓倦的感覺，共同工作，也不能使人安心。不但如此，交往愈長久，愈覺得是個累贅，因此終究會令人不願與他們繼續交往。

如果與這一類型的異性往來，站在情人的立場，男性可滿足保護慾，女性可滿足母性本能，所以短時間可能會認爲很値得去愛。

可是，與這種人結婚，共同生活後，對方依舊凡事依賴，甚至會因爲覺得孤獨寂寞而整天糾纏不清，這種互動將成爲彼此的負擔。因此在結婚之前，一定要徹底考慮這一點，否則婚姻必致失敗。

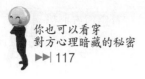

# 你是虐待狂，還是被虐待狂？

一般人認為男性較傾向虐待狂，女性較傾向於被虐待狂。艾菲爾．巴哈卻認為男女在這一方面的傾向平分秋色。

某些人平常認眞工作，希望別人也與他相同，從早到晚不停歇，在會議上，也總是鼓勵大家努力工作。

他們每天雖然體力透支，可是下班後卻又與朋友相偕飲酒作樂。第二天一大清早，他們又精力充沛地出門上班、勤奮工作，看起來彷彿全身都充滿精力、永遠耗用不盡似的。

另外，有些人也是會認眞工作，可是只做上司叮嚀的事情，絕不做超出自己本分之外的工作；他們個性溫厚而富於協調性，注重家庭生活，玩樂方面也適可而止，絕不會過分縱容自己。

心理學家艾菲爾．巴哈將前者稱爲虐待狂型，將後者稱爲被虐待狂型。

虐待狂的原意是患者藉由虐待異性而取得快感，而被虐待狂則是患者被異性虐待而獲得快樂，是一種顛倒的性慾。艾菲爾．巴哈，將此二者作爲性格的特徵。

普通人認爲男性較傾向虐待狂，女性較傾向於被虐待狂，艾菲爾．巴哈卻認爲男女在這一方面的傾向平分秋色。

具有虐待狂傾向的男性，大膽而有活力，遇事果斷，在思考之前，便已經採取行動；他們喜歡冒險，競爭心很強，具有非控制別人不可的性格。

在職業方面，這種人適合獨立創業，也適合於能夠滿足支配慾與征服慾的政治家或企業領導人。有被虐待狂傾向的女性，具備纖細的感情與溫柔的舉止，是典型的家庭主婦，適合從事護士、秘書、褓母等服務別人的職業。

# 處世圓融能幫你建立友誼

性器性格的人不會明顯地表現出自己的情緒，做事一定先考慮現實的情況，以期更和諧地達成自己的願望。

每個人在人生旅途中所追求的目標因人而異，有些人為了累積財富，有些人為了追求功名，有些人為了自己的興趣，而有些人則為了愛情，不惜以生命作為代價。

由於追求的目標不同，生活的方式當然也各異。希望變成富翁的人，為了聚斂財富而貪心不足，自私自利；追求愛情的人，成天像無頭蒼蠅般，盲目地為異性而忙碌。這樣的人大多秉持「做自己喜歡的事情，才是追求人生真正目的」的想法。

可是，也有人在平常生活中，不完全表現出自己的利害關係、好惡感情，對自己的言行舉止，都會考慮周圍的情況。

他們爲了追求和諧圓滿的生活，必要時寧可收回自己的意見，甚至與別人妥協，不斷由現實生活中選擇可行之道。

這類型的人沒有強烈的性格，也沒有一貫的價值觀與人生觀。他們雖然沒有執著於某件事物的熱烈情緒，不過這種性格卻十分適合在現實社會中生活，特別是解決困難的問題時，或是從事人際間的協調工作，他們能夠將事情處理得非常調和、圓滿。

繼男根性格之後的性器性格即是這種類型，它的特點是不以快樂爲原則，而是以現實圓滿爲原則。

也就是說，雖然依照弗洛伊德的理論，人類的一切行爲都與性的滿足有關，生存的目的就在滿足這種目的，但是性器性格的人卻不會固執於口腔、肛門或陽具等特定的部位。

他們不會明顯地表現出自己的情緒，做事一定先考慮現實的情況，以期更和諧地達成自己的願望。

所以，他們不會堅持某件事或自己的想法、意見；這種人的思想非常合乎中庸之道，會隨著外在情況的變化，技巧地保持自己的平衡，而決定個人的生活方式。

性器性格的人在愛情方面大多採取博愛的態度，不會只愛某種人，因此人格自然也比較圓滑。

你的四周可能也有這種類型的人吧！他們平日舉止沉著穩重，不太講自己不滿不平的事情，經常保持臉部的微笑，同情弱者，懂得體貼別人，顧慮人家的面子；雖然行動不太積極，卻清楚自己所擔任的角色，對事情富有責任心的人，就是屬於這種類型。

這是一種成人的性格，具備這種性格的人看起來大都十分成熟，與他們交友，會令人感到安心，與他們結婚組織家庭，也頗值得信賴。

此外，在事業上與這種人共事，必定能合作愉快；這種人如果擔任主管，必然能受到屬下的愛戴，同時他們可靠、負責，能夠將自己分內的工作做得妥妥貼貼。

當然，在這個社會上，沒有任何人的性格是完美無缺的，但是這類型的人瞭解自己的缺點，經常努力追尋改進之道，這種精神十分令人敬佩。

# 說別人自卑的人，自己更自卑

經常講別人自卑感作祟的人，自己的自卑感更大，因為他不願別人提到，所以將此種情緒轉化為攻擊性。

媒體曾報導一則駭人聽聞的新聞，描述一位家庭主婦拿菜刀將鄰居太太的手腕切斷。

這件事情的主要起因，可能是由於那位家庭主婦患有精神病。可是，據外界傳說，可能是被害者的年輕美麗常爲當地人士所稱讚，附近的人對她的評論也大多十分良好，因而引起凶手的嫉妒，憤而將她殺傷。

此外，很久以前也曾經發生過一件人倫悲劇，一位學業成績名列前茅的哥哥被弟弟殺死。

這些事件或許太過極端，但是，在辦公室裡也經常發生類似情況。例如有些沒有能力的小職員，看到別人能力強、學歷高，一步步往上高升時，就會眼紅而故意刁難。

公司裡人緣好，長得漂亮的女職員，也時常會遭受其他女同事的排擠。

也許，有些人的態度並不會那麼流露那麼明顯的攻擊性，可是他們卻會在言行穿著等其他方面，顯示出好強的心理。例如，有些女性雖然薪水微薄，但是卻打扮得花枝招展、珠光寶氣，與身分毫不相稱。

這種心理也就是所謂的自卑感，這個名詞是由奧地利心理學家阿德勒所提出。每個人都希望自己比別人出色，因此如果有不如人之處，心中便會起反感，如果一直爲此事耿耿於懷，意識或行動就會受到心理影響，而採取異常的反應方式。

每一個人或多或少總會有些自卑感，舉例而言，學歷不高常常是引起自卑的因素，但是有學歷卻無法學以致用，也會產生自卑感。

另外，雖然有實力、有學歷，然而所受到的待遇卻不適合自己的條件，還是會令人感到自卑。例如，一個一流大學的畢業生，可能因爲社會職業競爭的關係，較別人慢一步升職，這件事就足以成爲自卑的因素。就某種意義來說，自卑感乃是優越感的另一面。

當我們內心產生自卑感時，自然而然地就會以行爲遮掩這個心結。比如儘量避免談到與自卑感有關的話題，或者以另外的方式隱瞞使自己自卑的事情等等；這是每個人在日常生活中，都會不自覺採取的舉動。

不過，有些人卻因爲內心的自卑感與優越感過分強烈，造成緊張狀態，爲掩飾自己的缺點，有時會形成想像不到的巨大力量。

拿破崙就是一個最佳的例子。

他出生於科西嘉島，是個沒落貴族的後裔幼年喪父，面目醜陋，身材矮小，因此他有強烈的自卑感。不過，這種自卑感卻成爲他後來躍登法國皇位，征服歐洲世界的活力來源。

當然，在我們身邊像拿破崙的人物並不多見，可是裝模作樣、喜歡控制別人、固執完成一件事，甚至對反對自己的人加以打擊的人，在心靈深處都有自卑感，因此我們必須詳細觀察，才能判斷。

想知道什麼叫做自卑感，只需靜下心來想一想，便可以體會到，它是一種不希望人家提起的事物或情緒。

我們也可以說，經常講別人自卑感作祟的人，自己的自卑感更大，因爲他不願別人提到，所以將此種情緒轉化爲攻擊性。

了解這一點之後，更應該留心，與人交往之時，千萬不可觸及對方自卑感的隱痛，這是人際關係中應有的禮貌。如果破壞了這一點，不管多麼深厚的友情都會立刻瓦解。

# 自卑的人就像愛吠的狗

對自卑型的人所射出的暗箭，最好也不要理會，因為他們本來只是一隻膽小的狗，即使向你吠幾下，對你也沒有什麼傷害。

有些人工作分量稍微加重一點，就會不斷埋怨：「我老是受到不公平的待遇！」同事稍微受公司重用，他就會憤恨地說：「哼！那個人老喜歡向上司諂媚！」看到別人在工作上犯個小差錯，就會露出不滿的態度，不平地批評道：「他怎麼沒事？爲什麼我做錯時，都受到嚴厲責備！」

其實，對現實不滿的人極多，可是上述類型的人批評埋怨時，卻還有一種特殊的特色，那就是他們必定會拿自己與別人做比較，以顯示自己是受委屈的一方。

而且這些人從來不公開提出自己的不滿，只會在暗地裡說話。對於工作，他們也不肯努力去做，卻經常說：「反正我不行！」或者酸溜溜地說：「我從來從來不敢想過上司會提拔我這種小人物！」

就心理反應看來，這也是自卑感的一種表現。這種人都只會埋怨別人，表示不滿，從不知努力上進。

因爲他們無法運用補償自卑感而產生的能量，反而使自卑感變成心理上的負擔，造成性格上的偏差；他們無法坦誠接受事實，只能成天對別人發牢騷，訴說自己的不平。

非但如此，由於他們的慾求無法獲得滿足，所以心情經常焦慮不安，情緒變化非常劇烈。

仔細觀察這一類型的人，我們可以發現，他們會突然熱衷於某件事情，可是很快又會放棄。

例如，突然開始學習樂器，不久又棄而不顧，一會兒對某個人佩服得不得了，一下子卻又罵那個人，不斷說他的壞話。

此外，這種人談話時，喜歡找有利於自己的話題，例如打高爾夫球或是自己孩子的事情等，儘可能向別人吹噓一番。

老實說，沒有人會喜歡與這類型的人做朋友，可是他本人卻由於高度的自卑感，非常渴望朋友，所以往往會藉著背後說別人的壞話，希望得到他人的同情，或者尋找傾聽自己吹噓的人。有時，他們也會因此聚集一些相同的不滿分子，組織成小集團。

在可能的範圍內，對這種人最好敬而遠之，而且對自卑型的人所射出的暗箭，最好也不要理會，因爲他們本來只是一隻膽小的狗，即使向你吠幾下，對你也沒有什麼傷害，所以與他們隨意周旋即可。

# 對方是男性性格，還是女性性格

在成人的社會裡，因為每個人在社會上各有現實考量，所以不論男女都學會適時交互以男性性格或女性性格來行動。

如果有人當著你的面，冒昧地問：「你是男人還是女人？」我想任何人都會認爲對方是在侮辱自己。

可是，如果有人問：「你的性格比較男性化，還是比較女性化？」那麼你可能會答道：「我當然是……」接著整天想著這個問題！

關於性格問題，心理學家懷寧格首先將之分爲男性化與女性化。

懷寧格是個絕對讚美男性，而蔑視女性的評論者。他說：「最低級的男性也比高級的女性高明得多。」認爲男性性格比較合乎邏輯、富於創造力，女性性格較爲感情化、具模仿性。

這種獨斷的想法，聽在女權運動者的耳裡，當然會勃然大怒，進而引起軒然大波。不過，男性與女性在性格方面的確有所差別，這是一件不容置疑的事情。

根據各種調查，通常男性較富於邏輯性、創造性、研究性，對於形態、機械及觀念性的東西特別關心。反之，女性比較直覺、具體、受感情支配，對於人際關係、語言等較爲注意。

但是，這些特性究竟是與生俱來的，或者是後天環境所造成的呢？這個問題到目前爲止，仍然衆說紛云，未獲定論。

不過雖然這樣，我們的腦海中仍然存有男人該有男性化性格與女人該有女性化性格的刻板觀念。例如，我們常常聽到有人批評說：「那個人雖然是個大男人，卻一副娘娘腔！」

斷定一個人的個性時，許多人經常都會以這種觀念爲準則，但是事實卻未必眞的如此。必須注意一個人對各種事情的反應、意識、關心，才可斷定他是較傾向於男性化還是女性化。

例如，有人評論道：「你挺會打扮的！」這時候，如果被評論者是個十足男性性格的人，他的反應不是發怒就是不表意見，但是具有女性性格的人，卻會認爲這是一種奉承。

從興趣及關心層面而言，男性化性格的人對於動態的機械、高速度的交通工具，以及組織、秩序、經濟、政治等，會表示出積極的興趣。

女性化性格的人，對於花草、美麗的自然風景、文學、戲劇、人際關係、個人的私生活、時裝的流行……等，特別關心。

我們也可以說，希望做技術人員、律師、政治家、法官的人，屬於男性化性格；希望成爲小說家、設計師、秘書的人，則較傾向於女性化性格。

在成人的社會裡，因爲每個人在社會上各有現實考量，所以不論男女都學會適時交互以男性性格或女性性格來行動。雖然表面上，有時看不出周圍的人是屬於那種類型，可是如果能夠以前面所記述的特性作爲標準，仔細加以觀察，我們便可看出每個人的眞正性向。

經由這種方法，或許會突然發現，表面上極具男子氣概的上司，竟不可思議的有女性化的一面。如此一來，向來以不拘小節的態度與上司打交道的人，就應稍加改進，因爲與這種上司接觸最好還是注意一下細節。

此外，假使用這種眼光來觀察自己的愛人時，你或許會發現拚命地裝做很女性化的女朋友，可能具有非常男性化的一面，那麼就得預想到將來結婚以後，當她露出馬腳時，可能變成一個專制跋扈的太太。

# 男子氣概過度就成獨裁性格

男性意識過於強烈時，男子氣概被誇張，便會產生支配、暴戾、爭鬥性的獨裁性格。

兇暴蠻橫的丈夫，仍然存在於某些家庭中。這種男性會不斷苛責妻子，對太太說話，幾乎都是用命令的態度，例如：「把那個拿過來！」或者：「叫妳這樣做，妳是怎麼回事！」

此外，他們的薪水從不交出來，完全隨自己高興任意使用，而且常常會三更半夜才滿身酒味地回家，看到太太稍有不快的臉色，就大吼道：「妳別繃著臉！」稍不如意就亂摔東西，或暴力相向。

不過，千萬別以爲這種人是那種好吃懶做，只會在太太面前耀武揚威的人。他們在工作上，大多非常賣力、十分積極，所以家庭經濟毫無匱乏，這也使他們產生「我是養你們的人」的心理，妻子如果未能如佣人或奴隸般恭敬地服侍他，他就會感到不舒服。

這種人的行爲多半是從父親對待母親的態度學習而來。若是男性在訂婚期間對未婚妻說：「我父親是家裡的獨裁者！」那麼，這類型男性結婚後，極可能也會成爲與他父親同類型的丈夫。

這種類型的人又稱爲男根性格。

一般來說，人類開始意識到性別的不同，大約是在學童時期。在這個時期，兒童開始意識到雙親的性別不同，所以男孩子逐漸對母親產生性愛、憎恨父親，這就是所謂的戀母情結（伊底帕斯情結）。

這種情結是由於內心對性的好奇，以及害怕受到處罰的恐懼心情，互相混合而造成。特別是害怕受到閹割處罰，內心產生不安是爲了固定本我，而形成陽具性格。

在男根期中，男性因爲存有被閹割的恐懼，又發現自己與父親有異，於是開始學習父親的男子氣概。這種意識過於強烈時，男子氣概被誇張，便會產生支配、暴戾、爭鬥性的獨裁性格。

而女性方面，則因戀愛父親憎恨母親，而形成戀父情結，於是開始向母親學習女性應有的氣質，希望具備順從、嫻淑、貞潔的性格。

可是，如果過頭的話，女性氣質被過度擴張，也會產生逆來順受，毫無怨言的性格。

此外，有種女孩因爲渴望具有男根，而追求與男性相同的性格，於是產生爭強好勝，一心想要控制男子的性格。

# 04

# 觀察眼睛，就能把對方摸清

孟子說過，觀察一個人的善惡，
再沒有比觀察他的眼睛更好了，
因為，眼睛無法掩蓋人的醜惡。

# 提防在人性叢林受騙上當

人是世界上最複雜的動物，要想從外表的言行對一個人獲得真正的瞭解，是一門艱深的學問。

莎士比亞曾經寫道：「一個人可以儘管滿臉都是笑，骨子裡卻是殺人的奸賊。」的確，在這個「詐者生存」的時代裡，有些人為了達到自己的目的，往往會在臉上戴著菩薩的面具，但骨子裡卻幹出魔鬼的勾當。

要瞭解一個人的脾氣和性格，應該從研究別人的情緒反應著手。要測知別人的反應，必須懂得一個察看反應情緒的臉部變化和身體動作——即為行為語言。

一個人內心深處的盼望與眞實目的，一定會不經意地透過肢體動作表現出來。這是因為人們心裡想說的話，無法直截了當說出來，才會無藉由各種小動作來表達。

從一個人的肢體語言傳達，我們可以迅速研判出對方是友好的或是狡詐、充滿敵意的；具有這種觀察能力，在人際關係中就可以無往不利。如果我們平時詳加觀察週遭人物的肢體動作，久而久之就能揣測出他們最真實的心理狀態。

注意他的一切姿勢，他的語調的改變，以及他的音調聲色的改變！注意他四肢的動作，他眼睛的神色，同時注意他的一切表情！

如果你把握住了這些線索，還是看不出對方的全部個性。那麼，還需進一步做些什麼觀察呢？你要猜度對方的心理，是什麼東西讓他覺得可怕，什麼東西使他憤怒，什麼環境使他覺得很愉快。

其次，是什麼事情會引起他的自得，什麼東西才能吸引他的全部注意力。

只要把上面這些問題試著記熟，照著去觀察對方，必然可以發現和認識得更多。

假如找不到一個實驗的環境，你不妨自己創造一個新的環境，或是提幾個與實驗相關的問題。例如你讚賞他幾句，挑撥他幾句，譏笑他幾句，故意斥責他幾聲，然後觀察他的動作和面部表情如何，他情緒的泉源潛伏在何處。

隨時注意他反應出來的表情和語句，其中含有什麼樣的意向。這樣，你對他自然會有更深刻的認識。

科學的看相，自然是識人察人應當學會的重要本領，尤其在選擇人才的時候，切不可輕視這門學問。你對人認識得越清，就越能保證選到公司所需要的眞正的人才。當然，人是世界上最複雜的動物，要想從外表的言行對一個人獲得眞正的瞭解，是一門艱深的學問，需要在實踐的具體操作中反覆的實驗、學習、總結。

社會上的詭計到處都是，利用人心弱點所設下的陷阱和騙術，更是五花八門；懂得運用身體語言的概念，來洞悉別人內心深處所隱藏著的意志和感情，將有助於我們更加了解人性，提防自己在人性叢林中受騙上當。

# 靈魂之窗最不會說謊

眼睛是人體最不會說謊的器官，我們既可以將這種特性應用於日常生活之中，也可以運用在商業領域，增進自身的利益。

通常我們都認爲自己很了解自己，也頗能洞穿別人，但實際上，我們經常誤解自己，對於別人的認知也僅止於皮毛。

這是因爲我們不知道如何剖析自己，也不知道透過「靈魂之窗」去觀察一個人，從中得出最正確的結論。

國際知名心理學家愛德華．H．赫司博士在全美醫療催眠學會發表演說時，曾提出一個十分有趣的資料。他說：「當一個人看到令人振奮的某種東西時，在潛意識中，瞳孔會自動擴大。」

赫司博士並且舉例說明，當男人看到女性的裸體照片時，瞳孔會擴大兩倍以上。

了解眼睛是人體最不會說謊的器官之後，我們既可以將這種特性應用於日常生活之中，促進人與人之間的感情，也可以運用在商業領域，增進自身的利益。

假如你是一個售貨員，不妨想像一下，你在顧客面前推銷商品的情形：一般顧客的警戒心理都很強，不會輕易地表現出他們的眞實心意。此刻，你可以一面介紹商品的功能、特色，一面注視對方的眼神變化，觀察他們被那種商品所吸引，或者對那種商品較有興趣。

只要能掌握住這一重點，稍加鼓動，成功的機率必然大大提高。

這種技巧同時可以應用在會議上，以及交涉、談判場合上，當你想要採取某一策略，或者想要猜測對方的眞實意圖時，都可以經由觀察對方的瞳孔變化，決定採取什麼戰術。

運用這種觀察技巧有時將是定勝負的重要關鍵。

# 目光是傳遞心靈訊息的窗戶

在生活中，你會遇到各色各樣的眼睛，而從眼睛裡流露出來的光芒，也會帶著不同的寓意，流入你的眼睛。

許多事實證明，目光是女性用來吸引異性的主要的方式。目光是傳遞心靈訊息的窗戶，因此女人通常用這扇窗戶將她們的思想、情緒流露出來。如果一個女人喜歡或愛上了一個男子，她可以在不張口的情況下將自己的心意傳遞給對方。

這時，女方所顯示的通常是面帶微笑，用眼睛親切地看著對方的眼睛和胸膛之間的部位，並且延長目光接觸的時間，伴有瞳孔放大與其他細微動作，以此引來異性的注意和欣喜。

有的女人善於用眼睛來窺視她們所喜歡的男人。窺視時，她們往往側著身體，趁男人未發現之際，將愛慕的目光投射過去，一旦被男人發覺，她們就會立即轉移視線，或低下頭來。

說謊時，人的眼睛也會有所顯示，揉眼睛就是最常見的一種掩飾動作。

揉眼睛通常是大腦試圖阻止「醜事」進入眼簾而做出的一種無意識的努力，也就是說，當人一看到討厭的東西時，就會揉揉眼睛。

有時，當一個人撒謊時也會揉眼睛，或許還會低下腦袋，避開對方的眼睛。

小孩受到父母的訓斥時，有時會揉揉眼睛，生氣地噘起小嘴巴，並低下腦袋避開父母的目光。對這一動作，父母或許會更加惱火，聲色俱厲地喝道：「你到底幹了些什麼壞事！」

其實，小孩的動作已經說明他在撒謊或有難言之處，如果父母換一種方式，耐心等待，那麼撒謊的孩子或許會對父母說出眞情。

大人也會有類似的動作，只不過大人在撒謊時，通常揉得較爲用力，而且如果是撒大謊，常常會把眼睛看往別處，比如天花板窗戶。

女人則在眼下方輕輕地揉，一是爲了避免粗魯的動作，二是怕弄壞了化妝，爲了怕對方注意，她們的眼睛也會四處張望。

在生活中，你會遇到各色各樣的眼睛，而從眼睛裡流露出來的光芒，也會帶著不同的寓意，流入你的眼睛。

每一雙眼睛都是心靈無言的述說。

我們不妨羅列幾條不同視線所代表的寓意：

- 初次見面的時候，首先將視線朝左右瞄射者，表示他已經佔據優勢。
- 有些人一被別人注視的時候，會忽然將視線移開。這些人一般都懷有自卑感。
- 抬起眼皮仰視對方的人，無疑是懷有尊敬或信賴對方的意思。
- 將視線落下來看著對方，表示他有意向對方顯示自己的威嚴。
- 無法將視線集中在對方身上，很快地收回自己視線的人，大都屬於內向型者。
- 視線朝左右活動得厲害，表示他正展開頻繁的思考活動。

# 換個角度，會改變彼此的親密度

要讓對方產生信任感的重要關鍵就在第一次的見面，所以，必須小心掌握首次的會面，進入對方的地盤，使他樂於相信你。

人們心理上的親疏關係，也可以用物理學的高度、距離及角度來說明。例如，關係密切的人，往來得較頻繁；坐著講話的人比站著講話的人地位高；面對面講話的人，又不如肩並肩講話的人來得熱絡了。

如果我們能了解座位會明顯表現出人與人之間關係的友好與否，那麼，從這些位置就能洞悉彼此的關係了。

有個年收入超過一千萬的出色推銷員，他的推銷能力堪稱第一，令人極爲佩服！

他曾指出，當業務員到某公司拉保險時，如果直接站在埋頭工作的職員後面，推銷起保險，對方根本不會理睬。

他強調說：「要想讓埋首工作的人轉過頭來與你講話，除非口若懸河，否則根本是白費力氣，無濟於事。必須先設法進入他的心靈地盤！」

他指出，遇到拜訪對象正在工作時，一定要先在他的附近找個椅子，坐在對方的身邊，進入他的身體區域內，如此不但能突破對方的防線，而且也使得對方不得不注意到你，和你交談。

而且，坐在椅子上，表示和對方的地位是平等的，當對方轉過頭來，雙方的視線也較容易接觸到。也許，一開始對方會表示不滿，但逐漸地會消除戒心，當他的工作告一段落以後，他一定會起身說：「好吧！我們到那邊談談吧！」

如此一來，就不難贏得第一回合的勝利。

推銷員所標榜的口號是誠實可靠，可是這是抽象的說詞，要向顧客證明自己誠實可靠，通常需要花費不少的時間。

要讓對方產生信任感的重要關鍵就在第一次的見面，所以，必須小心掌握首次的會面，進入對方的「地盤」，使他樂於相信你。

平常人與人見面，多半都是面對面相見。關係益趨熱絡之後，本來隔著桌子說話的兩個人，慢慢地就會轉移到桌角上促膝長談。從這種轉變，我們可以研判出兩人已經由形式上的關係，進入了親密關係中。

可是，一切事物並不因爲彼此已建立進一步的關係就能順利達成目標，往往過分親密的關係，反而使雙方的意志被感情束縛！

和別人互動之時，最理想的狀況是，一方面培養親密關係，一方面不要忘記彼此之間保持適當的距離。

# 觀察眼睛，就能把對方摸清

孟子說過，觀察一個人的善惡，再沒有比觀察他的眼睛更好了，因為，眼睛無法掩蓋人的醜惡。

想要成功地認識一個人，第一件事就是，要看穿他的心。只有這樣，才能分清哪些人是可以利用的，應該採取什麼樣的方法去應付他們。

要看穿別人的心，其實並不難。因爲再高明的人，也會在不知不覺中把自己內心世界的感情、想法曝露出來，只不過曝露的程度、方式有所不同而已。

常言道，眼睛是心靈的窗口，人們複雜的心靈往往會在這個窗口上流露出來。善良淳樸的人，一般而言眼睛都坦蕩、安詳的；狹窄自私的人，眼睛一般都昏暗、狡黠；不戀富貴、不畏權勢的人，眼神一般都堅強、剛直；見異思遷、看風使舵的人，眼神一般都遊移、飄忽不定……

人們的瞳孔與人的心靈也有很大的關係。

當人的情緒低落、態度消極時，瞳孔就會縮小；而當人的情緒高漲、態度積極時，瞳孔就會擴大。此外，有資料指出，一個人處於極度恐懼或興奮時，他的瞳孔一般會比正常狀態擴大三倍。

幾個人在一起打牌，假如一位懂得這種信號，一看到對方的瞳孔放大了，就可以猜定他抓了一手好牌，怎麼玩法心裡也就有底了。

孟子說過，觀察一個人的善惡，再沒有比觀察他的眼睛更好了，因爲，眼睛無法掩蓋人的醜惡。心正，眼睛就能明亮；心不正則昏暗。聽一個人說話時，注意觀察他的眼睛，人的善惡如何能掩藏呢？

一個人的心是正是邪是隱藏不住的。說話可以弄虛作假，但眼睛並不能夠做到。

兩個人如果第一次見面，臉孔往往是第一個注意的對象，而臉上第一個被注意的目標又往往是眼睛。

眼睛的神采如何，眼光是否坦蕩、端正等，都可以反映出對方的心地、人品、德行、情緒。如果對方的眼睛胡溜溜地亂轉，很顯然，你必須心存戒備了。

例如，在街上的巡邏的警察大都認為，街上來來往往的行人，他們只要細心地打量一番，就可以將這個人的個性看個八九不離十，因為，一個人的眼睛是最能說明他的身份。作姦犯科的人的眼神，幾乎一眼就可以看出來。

躲閃對方目光的人，缺乏足夠的信心，懷有自卑感，性情軟弱。

遇到陌生人，不會主動地前去打招呼，即使打招呼也是躲閃著別人的眼睛，這樣的人一般比較拘謹，在處理問題時缺乏自信，常有自卑感。

當然如果是一對戀人，那麼躲閃的目光又是另一回事了，那表示緊張或羞澀。

# 別讓臉色洩漏了你的心思

人的臉部比其他一切部位更靈敏，表情不是靜止的東西。感情的變動會隨時在你的容貌上顯示出來，你的喜怒哀樂都能從臉找到影子。

人的臉部表情最爲豐富。據某些研究資料推測，一般人的臉部表情達二百多種，至於那些電影明星的表情就更多了。

有一位心理學家就曾經說：「臉部是人體中提供非語言感情，傳遞得最多的場所。」

儘管有些人不同意這一觀點，認爲手是傳遞訊息最多的，但是，有些臉部表情，是手無法傳遞的。例如，我們與別人面面相對，在說話之前，看對方臉色，大致就可以瞭解他的心理狀態，即是由於我們在不知不覺中，已經開始察言觀色。

臉部所流露出來的感情無須特意推究，就能看出對方心理。因爲，人的臉部是心靈的直接表示。

從臉部表情的改變，可以準確看出一個人的心思。如果你一天到晚板著臉孔，人家就會知道你有一副惡劣的脾氣。假如你老是皺著眉頭，也許你是在凝思什麼，但別人一看見，心裡就以爲你在討厭他們。

臉部表情也能夠表達震驚或詫異。在這種情緒狀態下，一個人的嘴會張得大大的，由於震驚，下顎的肌肉會放鬆。

當然，有時候嘴巴無意識地張開，並非是由於震驚，這種情形發生在一個人非常專心於一件事時，例如一個人專心組合精細的機械零件時，眼睛之下的每一條肌肉會完全放鬆了，甚至有時連舌頭都會伸出來。

人的臉部比其他一切部位更靈敏，表情不是靜止的東西。感情的變動會隨時在你的容貌上顯示出來，你的喜怒哀樂都能從臉找到影子。從臉部和態度的改變，也可以看出你對別人的好惡如何。

在談判桌上，可以觀察到許多面部表情。例如，一個極具有攻擊性的談判者，會把談判看成是「你死我活」的競技場。他臉部的典型特徵是：睜大眼睛看著你，嘴唇緊閉，眉角下垂，有時甚至嘴唇不太動卻含混地從牙縫裡擠出話來。

另一種人卻擺出純潔無辜的姿態，半閉或低垂著眼簾，露出淡淡的笑意，有著平和的秀眉，前額上沒有一絲皺紋，然而，他可能是一個很有能力而且具競爭性的人，他相信合作是一種強有力的過程。彼此間產生衝突時，則會產生與平時大不同的表情，眉毛通常是下垂，眉頭皺起，牙齒雖然未露出來，嘴唇卻緊緊地繃著，頭和下顎挑釁地向前伸出，與對方怒目相視。

如果在一張臉上連一絲笑容都找不到，那麼這就是一張嚴肅的臉孔，換句話說也是面無表情之意。這樣的臉孔我們稱做爲「撲克臉」或「臭臉」，也就是任何感情都不表現在臉上。

但是，沒有表情的臉孔後面往往隱藏著更豐富、更爲激烈的感情。正是由於感情過分豐富，並且有意不讓他人瞭解，以嚴肅的臉孔掩蓋其感情的流露。

有的人在本來該表示高興的場所，故意裝出不高興的樣子，這種人一般都是虛僞的傢伙。

例如，某人很喜歡當官，有一天被提升爲科長的時候，本來應該喜形於色才對，但是他卻一點也不露出來高興的表情，甚至還會對恭賀他的人說：「沒意思，提與不提都是一樣。」甚至會裝出一副不太高興的樣子。當然這是在公共場合，一旦回到家裡，就會表現出另一副面孔了。

實際上，人的情感表現，有時不一定始終保持坦率的情形。潛藏於內心的種種感情和慾望，由於各個時期的內在、外在條件而複雜曲折地表現出來，從而使人產生一種錯覺。在可笑時哭泣，在悲傷時大笑，諸如此類。因此，有必要結合身體的其他語言作出分析。

# 雙手抱胸，不一定代表拒絕

在社交場合中最使我們困擾的是，面前坐著雙手交叉於胸前的人，這種姿勢代表著什麼意思呢？

大約十多年前，美國的靈修團體和部份心理學家相當流行一種集體心理療法，名爲「Encounter group療法」。

所謂encounter就是相遇的意思，這種療法的重點在於參加者相互分享彼此的「遭遇」，特別是充分利用心理學技巧，使彼此之間的內心深處產生交流。這種心理療法，必須由精神醫師在場指導，人數大都以十人爲一小組。

參加者多半互不相識，所以開始時彼此的交流並不熱烈，必須利用各種技巧從旁協助，以加速彼此交流。其中，有一種技巧叫做「彼此觸摸」，即蒙住所有參加者的眼睛之後，再讓他們互相觸摸。

心理學家指出，如此一來，彼此的互動會漸漸熱烈起來，然後才得以更進一步地進行內心深處的交流。

基本上，人類是需要觸摸的一種動物，每個人都具有自己的慾求，其中當然包括自我的親密性，表現於肢體動作就是自我觸摸。雙手交叉於胸前，正是最常表現出來的自我觸摸行為。

在社交場合中最使我們困擾的是，面前坐著雙手交叉於胸前的人，這種姿勢代表著什麼意思呢？

一般的推斷是，這些人之所以在胸前交叉雙手，可能是對我們的談話內容不表同意，但又不便辯駁，因此把雙手當做擋箭牌，拒絕接納我們所說的話。

但是，如果我們站在完全不同的立場來看，也可能是這些人希望能完全吸取我們所說的話，所以擺出圍堵的姿勢，預防有所遺漏。

在肢體語言學中，對這種雙手交叉於胸前的舉動，解釋的角度可謂南轅北轍。但是，對一般人來說，只要面前坐著一個這樣的人，就會直覺地認為對方不欣賞自己，而擺出防衛、拒絕的姿態；這種負面解釋已被多數人認同。

其實，要了解對方的眞實心理狀態，不妨試著進行一次試驗。你不妨學著對方雙手抱胸，或許，在你面前那個人，馬上就會放開雙手，露出友善的態度。

如果是這樣，那就表示，對方由於你的舉動明白表示了那種姿勢使你覺得不快。

這種相對應的做法，不僅可以使我們了解對方的肢體語言代表什麼意思，同時也達到了攻擊對方的目的。

## 接觸，也有一定的模式

我們應該特別小心的是，以愛情為主軸的接觸，與彼此之間的距離及身體的位置有著密切關係。

當你坐在公共汽車上或在公共場合，偶然看見自己頗爲中意的異性時，一定會有忍不住想要多看幾眼的經驗。這時候，你是否會因此而覺得滿心歡喜呢？

英國人類文化學者D．莫里斯在他的著作《相互接觸》一書中曾經提到，人類愛情交流的模式開始於眼睛對身體接觸，隨後由眼睛到眼睛、聲音到聲音、手到手、手到肩膀、手到腰、手到頭，然後再發展爲由口到胸、由手到性器、性器到性器，依次慢慢發展而來。

正如莫里斯所言，這是非常自然的情感表現流程，所以，公車上或公共場合由眼接觸到身體的行爲，根本不能視爲是愛情的表現，充其量只是一種渴慕之情的流露。但是，我們應該特別小心的是，以愛情爲主軸的接觸，與彼此之間的距離及身體的位置有著密切關係。

談到距離問題，以眼睛和身體的距離最遠，而眼和眼、聲音和聲音的接觸都是間接的，直到手和手正式接觸，才開始直接觸摸的行爲。

依生物學而言，這種正式的接觸要一直到發生性器的接觸，才告完結，但從社會學來說，就不這麼單純。縱然男女之間的交往目的，大多數是以生物學上的性結合爲目的，但一般社會上的接觸只止於彼此志趣相投、眼與眼的接觸而已，所以不致於造成社會的混亂不平。

但隨著社會形態的變化，接觸的原則也跟之變動。

例如，在PUB、舞會……等場所中，男女接觸的行爲，就不是那麼單純。他們的接觸可以由眼到眼、由眼到身體、由手到手，逐步迅速地發展下去，當然，發展到何種程度因人而異，即使不相識的一對男女也會有某種程度的接觸舉動。

# 不要貿然侵入別人的「地盤」

不要貿然做出侵犯別人「地盤」的舉動，因為，任意地侵犯別人，企圖與之接近，有時不但得不償失，甚至還會受到對方的蓄意反擊。

人類對自己身體附近的空間，具有強烈的地盤意識。從這個角度來說，越接近地盤的中心，親密度就越高，離地盤越遠，親密度就越小。

通常，我們會以距離身體四十公分處，也就是伸手能及之處畫一弧線，做爲自己的身體區域。從正面接近的人，如果能進入這個範圍之內，往往也就可能被准許進入地盤的更深處。所以，平常兩人相見握手的距離，大約就是彼此相距一公尺左右。在客廳中，彼此相距的空間大約也是如此，如果距離三公尺以上，那麼就很少會意識到對方的存在。

一般公司行號，若有正常的組織，那麼，職位越高的人所佔的空間越大，地位越低則空間越狹小。但是，不管自己所佔空間是大是小，每一個人都會盡力維護自己的空間，不讓任何人輕易侵入；一有人侵入時，立刻會遭受反擊。

這一點也是人類跟其他動物的地盤意識不同之處，人類相當善於利用間接的方法保護本身的地盤。

當我們進入政府機關或大企業機構時，可以很清楚的看到上層階級所佔的空間，不但是最舒服，並且也是最寬敞的，低層階級幾乎沒有機會進入這個空間，如果事前未經許可及通報而任意闖入，將會受到不同程度的警告與斥責。

心理學家說，這類空間都是人類爲了追求內心的安定而設計的。

在家庭中，我們可以允許親人進入自己的身體區域內，但在辦公室裡就不同了，自己的「勢力範圍」很難容許別人接近。這一點和其他動物防衛自己地盤的情形大致相同。所以，我們必須謹記這一點，不要貿然做出侵犯別人「地盤」的舉動，因爲，任意地侵犯別人，企圖與之接近，有時不但得不償失，甚至還會受到對方的蓄意反擊。

# 無能的人最喜歡批判

因為自己的慾求無法滿足，轉而藉著批判別人以獲得自我滿足的變相行為，精神分析大師佛洛伊德稱之為「合理化」的心理機制。

人在氣憤難當的時候，經常會輕易脫口說出不經大腦考慮的謊話或惡毒言語。

例如，一對情侶發生口角時，被怒氣衝昏了頭的一方，往往會口不擇言說出惡言。其實，這只是宣洩心中積壓的不滿情緒，並不表示愛情本身有了裂痕。

一般而言，小孩子最喜歡講這一類謊話。他們嘴裡所講出來的，和心裡想的完全相反，他們只不過在鬧彆扭的情況下，隨便捏造幾句言不由衷的謊話而已。例如，明明自己喜歡吃的東西，嘴裡卻說不喜歡；心裡想要的，嘴裡卻說不稀罕。

追根究底，這些現象，都是父母平時對孩子的慾求強制壓抑的後果，所以孩子們便在不知不覺之中，經常說些違心之論的謊言來！

這些單純的謊言，並無可厚非，大可不必花費工夫詳加追究。可是，如果成年人還像小孩子一樣隨意捏造謊言，問題就複雜了！

爲什麼呢？這是因爲人們天生就有一種隱藏自己行爲、動機，並且不願外人知悉的心理。除此之外，人們對於自己的種種行爲，也會千方百計想出理由加以捍衛，使自己認定充滿正當性！

譬如，那些不受異性青睞的人，當他看到社會上性觀念日漸開放，就會伺機嚴加斥責，成天大肆批評，這是因爲他對自己吸引異性的能力沒有信心，因而在心理上強迫自己相信性觀念開放是一種齷齪的事情！

在充滿自卑的狀況下，人們往往會尋求各種理由來進行心理建設，以防止自我崩潰。這種因爲自己的慾求無法滿足，轉而藉著批判別人以獲得自我滿足的變相行爲，精神分析大師佛洛伊德稱之爲「合理化」的心理機制。

假如這種人對本身的魅力恢復自信，或者結交了異性朋友，自然就不會再嚴詞批評性觀念的問題了。

正如喜歡出口成「髒」或喃喃自語的人，是因爲慾求不滿所造成的一樣，這種口是心非的批判心理，也如出一轍。

造成慾求不滿的因素，往往不是因爲能力不夠，而是因爲自己根本無法做到，只是當事者不願意承認這個事實罷了。

所以，他們就會尋求一些自己認爲合理而又不傷自尊的理由來保護自己，儘管這些理由在別人眼中顯得荒謬絕倫，但是，他們根本不管這些，反而更加固執己見，逐漸地使這種心理屏障越來越堅實，以後就很難加以更正。

對於喜歡發表違心之論、高貸批判別人的人，不妨以同情的角度看待，探測這類滿腹牢騷的「批判家」的眞正慾求，有時也是一件相當有趣的事。

# 05

# 從色彩的喜好透視個性

人類的心理既然與色彩具有密切的關係，

我們當然可以利用它做為判斷對方心理的材料。

# 對方是不是無可救藥的賭博狂？

如果你是個未婚女性，當你發現男友具有「因輸而引起滿足感」的癖好，千萬別把他列入結婚對象的範圍內。

人在賽馬、牌局、彩券……等賭博行為中所採取的態度，能夠非常準確地反應出個人的性格。

某些人雖然打牌時經常輸得兩袖清風，然而在獨自回家的途中，所想的卻是：「好！我還要勤加練習，下回捲土重來！」這種心情比贏錢的時候更令他感到滿足……

上述這種人，自外表看來就是喜歡賭博，且具有非常明顯的特徵，那就是輸了錢，精神反而更振奮，眼神更銳利，態度更穩重，而贏了也絕不因此而收手不賭。

這種類型的賭徒幾乎都是賭博狂，而且最後的結果都是傾家蕩產，假設讓精神醫生來診斷，他們的行爲是種病態而無可救藥的賭博狂行爲。

因此，如果你是個未婚女性，當你發現男友具有這種「因爲輸而感到滿足」癖好，千萬別把他列入結婚對象的範圍內，因爲這樣的人寧可拋家棄子，也不會放棄賭博。

這種無可救藥的賭徒論，是美國精神分析醫師艾曼德．巴克勒所提出的有名理論。巴克勒根據病態賭徒在行爲與意識上的特性，舉出下面六項特徵：

1.經常有碰運氣的念頭。

2.一旦沉迷於賭博，對其他事物都沒有興趣。

3.大都屬於非常樂觀的人。

4.贏了也絕不歇手。

5.開始賭博時，雖然頗具警戒心，但是最後還是免不了會冒險。

6.對於苦樂參雜的緊張狀態，以及刺激冒險，感到十分快樂。

具有上述徵兆的人，內心深處經常期盼著「因輸而引起的滿足感」。巴克勒認爲這些人雖然並非沒有贏的意志與想法，可是他們在無意識中，卻有著以輸來虐待自己的自虐心理。

事實上，有太多由於賭博而放棄家庭與妻兒的人，將他們的行爲與前述巴克勒的理論相互印證後，我們不得不承認這個理論的可靠性。

# 你是性格偏差的收集狂嗎？

收集狂頑固的一面特別明顯，對於自己的看法從不肯讓步，也不會適度的與他人妥協。

一個人不管如何遮掩，內心深處最真實的一面，一定會透過表情、情緒反應、肢體動作和特殊偏好顯現出來，想要正確判斷一個人，就必須具備讀人讀心的重要本領，一眼洞穿對方的秘密。

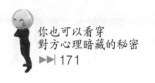

少年時期的收集狂熱，主要是希望得到難得擁有的東西，不過，一旦興趣消失時，過去所收集的銅幣或郵票，往往被棄如敝屣而遭遺忘。相信許多人在少年時代都曾有過這種經驗。

可是，從心理學的觀點來看，長大後還以收集某種特定物品為興趣的人，卻有著相當有趣的共通點。

其一，強烈的佔有慾。他們對於自己所收集的物品非常珍愛，即使是家中任何人的觸摸，也都足以引起他的震怒。

這種人一方面很希望別人來欣賞他的收集品，另一方面卻又覺得讓人家欣賞，是一種極大的施捨。

他們對自己所擁有的東西，非常迷戀，幾乎到了愛不釋手的地步，此外，他們還很想佔有別人的東西，也就是一般所謂的吝嗇性格。

其二，對於自己的任務與行動範圍，絕不准許他人插手過問，同時，也絕無興趣過問他人的領域。

因此，他們在做事方面，雖然會盡力完成自己負責的任務，可是卻很少理會分外的事情。

此外，他們會把工作與遊戲分開，明顯的區別喜歡與討厭的朋友，在工作或社交方面，也不喜歡馬虎草率。

其三，具有熱衷的個性。他們對於收集工作務求徹底，若把這種精神放在工作中，當然會發展出負責、認真、徹底的態度。

他們肯花很長的時間做好一件事，但是卻不在乎自己與他人，以及與團體的相互關係，因此他們與別人合作時，絕不會把自己的工作交給別人做，或者屈就別人，以求取彼此步調的一致。

除非他自己感到滿意，否則是不會停止的，這種執著當然有正面意義，但他時常會破壞團體的協調性。

這種人頑固的一面特別明顯，對於自己的看法從不肯讓步，也不會適度的與他人妥協；在團體中，也經常表現出唯我獨尊、自說自話的行徑，完全不理會他人的意見。因此，當他提出的意見與會議所討論的主題毫不相干時，還會沾沾自喜的賣弄知識學問。

情況嚴重時，甚至會固執己見，不相信任何人，最後因爲無法在團體中與人和平相處，而造成自閉症。

心理學家指出，上面所說的這些現象，乃是肛門性格的表現，產生這種現象的因素多半由於幼年時期接受的排便教育太過嚴格，或者生長於有潔癖的家庭中所致。

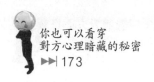

具有肛門性格的人，對性所產生的反應通常也與肛門有關，例如，當他們失戀時，往往會有拉肚子或便秘的症狀，這種現象一般稱之為性慾退化至肛門的現象。

此外，有人認為男同性戀者，也是由於性慾退化至肛門所引起，相同的，他們以具有自閉性，社交範圍狹窄的人占大部分。

# 不要讓小動作洩了你的底

由於某種心理因素而產生口腔性格的人，長大成人後，仍然會貪溺於口腔行為的表現。

曾有人請日本心理學家多湖輝列舉令人討厭的男同事特徵，根據他以職業女性爲對象所收集的資料顯示，以下三項高居前三名。

- 咬指甲、咬筆的癖性。
- 香煙濾嘴經常濕漉漉。
- 不斷咀嚼口香糖。

多湖輝提出的結論是：這些職業婦女們的觀感，可能只是憑著直覺來應答。這是爲什麼呢？

多湖輝指出，這與動物行爲學研究中的「親密性」有密切的關係。

觸摸的心理與生理具有十分密切的關係。

人類是一種對觸感抵抗力非常低的動物，可是事實上，我們的生活卻充滿各種觸摸，比如撫摸小孩的頭、與朋友握手，或者彼此視線的接觸……等，均是屬於觸摸的範圍。

其中，視線的接觸，雖然從表面看起來，不屬於觸摸的一種，不過從「親密性」的觀點來說，濕潤的眼睛眨也不眨的注視、睜大眼睛直視，或者轉開視線等，都還是屬於觸摸的範圍。

假設將性交視爲「觸摸」的一種，我們可能更能體會它所具有的威力！此外，由床舖與我們的關係，或者將小狗抱起來貼在自己胸前，以及把小貓擁在懷中時，也都能夠察覺到觸感所隱含的魅力。

許多抽煙的女性，一天經常要抽上好幾支。她們抽煙或許並非眞有煙癮，而是爲了尋求某種觸感，也就是說，嘴唇之間含著香煙所產生的接觸感，實際上乃是心理上的一種慰藉。

那麼，觸摸究竟具備何種心理意義呢？關於這一點，我們可以根據精神分析學的理論來解釋。

幾乎所有的精神分析學者都相信，人類的性感帶是依照口唇、肛門、性器，一貫的程序發展下來的，但是有些人會由於某種精神上的因素，而使發展程序停留在某一階段。

其中，發展停留於口唇階段者，我們稱之爲口腔性格。產生這種現象的原因，是因爲幼兒時期對母親完全依賴的心理所造成，而一直保留至成人的情形居大多數。

也就是說，由於某種心理因素而產生口腔性格的人，長大成人以後，仍然會貪溺於口腔行爲的表現。當然，例外的情形也不少，不過，就整體情況而言，前述職業婦女的直覺的確出乎意外的正確。

# 從對事物的第一印象了解一個人

注意焦點側重於形狀的人，較趨向於理性，壓抑感情面，對事物往往會加以冷靜分析，並依照客觀立場判斷事實。

兩位男士漫步在街上，忽然有輛汽車從他們眼前駛過，其中一位說：「這輛車的外形還不錯！」另外一位則說：「這部車的顏色相當顯眼！」

兩位女性站在百貨公司女裝專櫃前，其中一個說：「這套洋裝的樣式好流行，不是嗎？」另一位則說：「這套洋裝的顏色眞吸引人！」

由上述情況我們可以知道，同樣的東西，有些人只注意樣式，有些人則注意色彩。雖然根據每個人不同的反應，作爲調查其性格的差異是相當草率的一件事，但是仍然可以大略看出一些端倪。

心理學上有一項試驗是，令受試者進入暗房，然後迅速將紅色的三角形、藍色的圓形，以及黃色的四角形圖片，從他們眼前閃過。

此時有人會說：「我看見了三角形與圓形的圖片！」也有人會說：「我看見了紅色和黃色的東西！」

大致而論，只看到形狀的人，大多是男性或身體瘦削的人，而只注意到顏色者，則以女性以及比較肥胖的人居多。

若由性格角度來分析，注意焦點側重於形狀的人，較趨向理性，壓抑感情面，對於事物往往會加以冷靜分析，並依照客觀立場判斷事實。他們在與人來往時，也不會過分流露自己的感情，經常與人保持一定的距離。他們平常極爲安靜，很少與人吵鬧喧嘩，也不會過分固執己見，或草率行事，整體來說，有不易與人交往的特性。

相反的，注意焦點側重於色彩的人，則較注重感情，遇事往往會馬上表露心中的喜怒哀樂，情緒也容易受到外界人事物左右。

這種人性格很明朗，不會一直固執於一件事情，所以人際關係十分良好，喜歡與大家一同喧鬧。

不過，這樣的人與人交往雖然坦誠直爽，卻相當善變，對事情的好惡表現太過明顯，如此也會造成與他人親近的障礙。

心理學家研究指出，在畫家當中，畢卡索是屬於比較注重形式的一類，而馬蒂斯則屬於比較注重色彩的一類。上述兩種類型在性格方面具有相當大的差別，所呈現的畫風當然也會有明顯改變。

雖然我們很少有機會觀察自己四周人所繪的畫，但是由照相時，究竟較注意佈局，還是較注意色彩，也可以分析出他們的性格來。另外，談話時偏向描述顏色或形狀的人，我們也可依此來斷定其性格。

# 從色彩的喜好透視個性

人類的心理既然與色彩具有密切的關係，我們當然可以利用它做為判斷對方心理的材料。

心理學家威廉·詹姆斯由於從事研究心理學的緣故，因此，每次到朋友家拜訪時，總不免被詢問一些關於孩子們的性格問題。

遇到這種情況時，他便曾請他們把孩子的圖畫拿出來給他瞧瞧，由這些圖畫中，大多能夠正確看出孩子們的心理情況。

比如，畫中使用褐色的部分很多，而且塗得很厚，如黃泥一般，則可斷言：「雙親喜愛整潔，太過於注意孩子的服裝或手腳是否乾淨。」

他的判斷大致上都猜得很準。

另外有一次，看到圖畫中把太陽畫成紫色，他就問：「這孩子的心裡，是不是有什麼不愉快的事情？」

對方告訴詹姆斯：「眞被你說中了，我太太這幾天因爲生產入院，由於媽媽不在家，害他整天一副若有所失的模樣！」

在一般情形下，人幼小時，使用黃色的部分較多，逐漸長大時，則會開始喜歡使用紅色，長大成人後，則會以使用藍色居多。

因爲黃色表示撒嬌，紅色表示好動活潑的慾望，而藍色則表示自制。所以，我們從顏色的運用，可以判斷出每個人的心理狀態。

另外，喜歡使用黑色或經常以黑色描繪圖形邊緣的小孩子，我們可以判斷他的家庭可能發生變故，或者家教過嚴，或父母對子女的感情太過冷淡，使子女們的心理受到某種壓抑。

人類的心理既然與色彩具有密切的關係，所以我們可以適度地利用它做爲判斷對方心理的材料。

人到了成年以後，因爲已具有特定且獨立的審美觀念，並受到風尚流行影響的關係，因此顏色在表現個性方面，已不像小孩時那樣正確，不過在某種程度內，仍可作爲一種參考。

首先，紅色是代表要求行動的心情，活潑而充滿精力，所以喜好活動的人，大都愛好這種顏色。

不過，這種顏色也表示需要強烈的刺激，或是內心渴望愛情，當然也包含喜歡華麗，希望引人注目的潛在心理在內，這也就是紅色特別受到年輕人喜愛的道理。

黃色代表撒嬌的心理，喜歡依賴別人，希望獲得他人關愛的強烈欲求，因此性格也比較明朗、天眞無邪；喜歡社交活動的人，對這種顏色極爲愛好。大致說來，穿著黃色洋裝的女孩，大都是家中的老么。

藍色是代表自制心理的顏色，具有壓抑個性，樂於與大家協調，或者是遵守秩序的意義。

心理學家認爲，公司中的新進職員，多半喜歡穿藍色的西裝或襯衫，可能與這個原因有關！

另外，雖然同樣是屬於藍色系列，如果喜歡的是特別令人感覺冰冷的一種藍色，則表示他過於壓抑自己，心中具有某種不安定感。

綠色與藍色一樣，屬於自制的顏色，是較理性的人所喜歡的顏色，不過，綠色另外給人一種心情明朗的印象。

橙色是混合著明朗與活潑的顏色，象徵發展與希望。

喜歡黑色或白色，則表示不願顯露自己的眞面目，具有偽裝或有所期待的個性。灰色雖然也表示壓抑感情，但是卻不會故作姿態，意味著希望與他人調和的心理。

大致上說來，喜歡原色系的人具有強烈的自我主張，有自我的個性，喜歡中間色的人則比較具有協調性。

# 外在打扮會透露你的真實年紀

成天為生活奔波的人，多半希望自己精神負擔不要過度，因而對新事物總是謝絕往來。

透過細膩的觀察，可以迅速研判出對方的眞實性格，提高自己的觀察與判斷能力，在人際關係中就可以無往不利。

有些人對新奇事物十分感興趣，會毫不考慮的大膽仿效任何新流行。其實，這種行爲需要相當大的勇氣，因爲當大家做平常打扮時，敢穿超短迷你裙的女性，作風實在異常開放，甚至可以說是大膽。

她們一點也不害怕別人的質疑眼光：「這樣的穿著是否會遭人白眼？」或者「穿這樣大膽的服裝，會不會惹人注目？」她們對於周圍的異樣眼光大都毫不在意，視若無睹。

從這層觀點來說，她們算是忠於自己的人，總是做自己想做的事情。

或許，她們的朋友或雙親可能會說：「啊！妳不要這樣穿吧！難看死了！」但是，她們根本不管這些，因爲她們認爲唯有這樣不斷追求新的事物，才能感覺到生活的快樂。

不過，徹底追逐流行的人在社會上畢竟不是那麼多見。

據美國社會學家洛賈斯的研究結果顯示，在美國，這類型的人僅占全國人口的百分之二點五，在亞洲國可能只有百分之二。

只不過是因爲，他們較一般人敢穿上時髦的服裝，或者行爲舉止較與衆不同，因而容易引起大家側目，成爲衆人議論的話題，因此看起來，人數似乎較實際爲多。

依年齡來看，這種人以年輕者居多數，因爲歲月會使人們的性格漸趨保守，特別年紀漸大後，更會對周圍的眼光與意見有所顧忌，考慮的事情也會越來越多，所以越來越不敢採取特殊的行動。

另外，身心疲憊而又得成天爲生活奔波的人，多半希望自己精神負擔不要過度，因而對新事物總是謝絕往來。

所以，根據喜歡新奇事物的「時間性距離」，我們也可以斷定自己「老化」的程度。

另外，那種尖端型人物，生活水準通常較一般人爲高，因爲要獲得最新流行的消息，必須具有相當專門性的能力與知識。

比如在服裝方面領先的人，步調必須與時裝設計師或服裝評論家一致，經常訂購國際流行的時裝雜誌，並且還須隨時注意巴黎或美國的時裝趨勢，如果沒有一點閒暇時間，絕對無法辦到。

此外，他們的經濟情況也要十分富裕，不然除了生活所需外，實在很難兼顧到流行。流行款式大多屬於奢侈品，價格昂貴且不實用，所以口袋若不豐盈，豈敢隨意出手？

因此，一個人如果連保持起碼的生活水準都十分困難，根本不敢奢望自己能走在流行尖端。

總之，走在流行尖端的人，他們的生活水準往往較平常人高出許多，所以就一般人來說，這種人的生活不能當做消費者的範本。

由於他們的經濟狀況富裕，過分愛好新奇的事物，因此往往在大衆尚未走上流行，或者還在感到新奇的觀望期間，他們已經大行其道，與整個社會產生了隔絕與孤立。

# 笑聲爽朗的人大都孤獨寂寞

爽朗大笑型的人，表面看起來彷彿十分磊落豪放，是典型領導者的性格，可是實際上，他們大多是孤獨寂寞的。

從一個人的肢體語言傳達，我們可以迅速研判出對方的性格，唯有具備這種觀察能力，方能在人際關係中受益。

那麼，如何從笑聲中判斷一個人呢？

笑的種類很多，例如當人們想起愉快的事情時，即使獨自一個人也會偷笑；遇到尷尬的事情時，會自我解嘲的苦笑；看到令人感動的場面時，會噙著眼淚微笑；聽到滑稽的笑話時，會爆笑不已。

其他，例如冷笑、譏笑……等，也都屬於笑的範圍。另外，可以使對方也能獲得快樂的笑包括破涕而笑、朗聲大笑……等等。

「哈哈哈……」不顧周圍的眼光而放聲大笑，雖然有點囂張，可是有時卻能夠使彼此的情緒放鬆。

依照法國作家波多雷的見解，笑的本身具有惡魔的性質，特別是勝利者對失敗者的露出的笑容，但是爽朗大笑時，卻不一定有這種念頭。

當然，這觀點並非一定適用所有情況，因爲爽朗大笑的人的心理，有時也有誇示自己，想要壓倒對方的意圖。

我們常常看到，一般中小企業的老闆，每遇舌戰難分難解之時，便會「哇哈哈……」大笑，並且拍拍對方的肩膀說道：「放心，一切只要有我在，保證馬到成功！」然後一廂情願地結束爭論。

這種情形，顯示出他在誇耀自我，同時不讓對方再有任何發言的機會。

但是，這種誇耀的行爲本身並不必然有什麼詭計或陰謀，換句話說，這種誇示行爲，並不一定含有任何企圖操縱他人的想法。他們說那些話的用意，或許無意誇耀自己無所不能，只是想要表現自己的能力相當高而已。

爽朗大笑型的人，心思大多非常單純，他們心中若是有什麼陰謀，也瞞不過他人的眼睛，而且很快就會被揭穿。

這類的人對任何事物都不太會多加考慮，有時甚至絲毫不加思索便下決定，他們的思考方式多半採取二選一的辦法，不是A就是B。

另外，爽朗大笑型的人，在性格方面，往往不擅於組織，所以行動時，多半是以獨來獨往的獨行俠姿態出現。

當他們開朗大笑時，心中也希望能引起周圍人的注意，更想借助這種方式來炫耀自己，因此在他們的意識中時時出現「我……」「我……」的想法，凡事總希望領先同伴一步。

他們雖然無意把同伴冷落一旁，或者欺壓同伴，但是卻經常會不知不覺地忽略同伴。

在團體生活中，雖然明明知道某些事不被允許，但是，當他們直覺認爲「必須這樣做」的話，自己就會像一匹脫韁的野馬，不顧一切往前衝，並且認定唯有這麼做，才能表現出男子氣概。

這種人由於思想言行太過單純，所以朋友們雖然都認爲他是個好人，卻無法信任他，因爲大家對他的單純感到惶恐，誰都無法肯定下一步，他將會朝那一方向前進。

爽朗大笑型的人，表面看起來彷佛十分磊落豪放，是典型領導者的性格，可是實際上，他們卻沒有眞正的心腹，大多是孤獨寂寞的，當他們朗聲大笑時，笑聲中經常透露出空虛之感。

# 尊重自己就是肯定自己

一個人由內在散發出來的氣質，即使別人想模仿，也無法一模一樣。如果過分勉強去學，必定會惹來畫虎不成反類犬之譏。

某些人很善於穿著，不論是長袍或西裝，或許質料與式樣並不是特別出衆，但是穿在他們身上，卻非常吸引人，給人一種脫俗的感覺。

有個朋友就是如此，但有一次在談論穿著問題時，他卻感慨的說道：「唉！別提了！我就是被這一點給害了！」

雖然他不是一個喜歡批評別人的人，可是有一天，無意中卻對一個年輕同事說：「你那套西裝雖然很時髦，但是這種穿法，會令人覺得很俗氣。穿西裝的要點在於領帶與皮鞋的搭配，你最好在這方面多下點功夫，選擇比較合適的，你認爲呢？」

自此，那位年輕人對他的態度變得非常冷淡，本來這位朋友是出於善意的勸告，不料那位年輕人卻一點都不領情。

一般而言，來自鄉下的人，對自我都市化的程度極爲敏感，也最不願意聽到他人評論這一點，所以這個年輕人對這位朋友直接指正缺點的舉動，感到非常難堪、憤怒。

初到城市與久居城市的人相較，不管多麼努力地打扮，二者之間總還是會有一些差別。這意味著，生長背景、生活環境的不同，不僅僅是衣著外表方面的問題，它還關係到個人人格的特質及深層的心理部分。即使由很小的動作，都可以判斷一個人是否生長於都市。

一般而言，這正是「生長背景」的不同，就像其他國家的女性就算住到巴黎很長的時間，也很難輕易地學會巴黎人的打扮與穿著。

一個人散發出來的氣質，即使別人想模仿，也無法一模一樣。如果過分勉強去學，必定會產生不相配、不調和，惹來畫虎不成反類犬之譏。

鄉下人縱然穿上最漂亮、最時髦的服裝，仍然無法完全脫去憨樸之態，甚至使人感到動作不夠優雅。也就是說，縱然遷居都市，而且實際上已經成爲都市人，至少短時間「都市化程度的指數」仍然不會太高。

雖然有些人不知道自己都市化程度的指數並不高，還會得意的以爲自己是個都市通，不過，大多數初至城市的鄉下人，都會擔心別人把自己看成鄉巴佬。所以，在這種情況下，只要在口頭上讚美他們兩三句，就會使他們感激不盡。

相反的，只要不小心稍作評論，便好似將他打入十八層地獄，使他感到挫折不已。甚至有些人會將別人的意見，視爲對自己智力的一種嘲笑，這麼一來，很可能釀成悲劇，或者一直懷恨在心，憤恨之情難以消除。

所以，提供別人意見時要異常小心。

# 喜歡穿寬鬆西裝，有神經質傾向

對穿著過分地加以矯飾，企圖使自己感覺比較高大的人，大多有神經質、懦弱的傾向。

運用身體語言的概念，洞悉別人內心深處所隱藏著的意志和感情，將有助於我們更加瞭解人性，提防自己在人性叢林中受騙上當。

我們可以發現，政界人士與企業老闆多半喜歡穿著比自己身材略大，顯得寬鬆的西裝。

「略顯寬鬆的西裝」用詞也許不太恰當，因爲他們的西裝雖然不是非常合身，但也不致於太過寬大，只會讓人在乍看之下，對他們的外表產生高大雄偉的印象。

那麼，這樣的穿著到底呈現出何種意義呢？

其實，這就是肢體語言的典型表現之一，也就是儘量使自己看起來比實際更爲高大。

有趣的是，這些過分矯飾，企圖使自己感覺比較高大的人，大多有神經質、懦弱的傾向。

有些國會議員所穿著的西裝，幾乎全是暗藍色直條紋的花樣。若是再將他們發言時，經常帶有攻擊性的作風合併討論的話，就能發現他們在服裝方面的偏好，可說與前面所述不謀而合。

另外，從電視新聞中的特寫鏡頭，我們也不難發現有的公衆人物時常眨動雙眼，兩眉也常無意識的牽動。

這種情形是心理學上非常有趣的特徵之一，心理學家說，這種現象幾乎都是當事人在幼年時期，因爲有某些與衆不同的舉動，並受到父母的指責後而養成的習慣動作。

例如，糾正左撇子的習慣，就是最常見的案例。雖然表面上或許他們聽從父母們的話，但是內心卻非常想反抗。

心理學上，認爲前述的穿著、眨眼現象，就是他們無意識地反映出這種反抗的心理。

也就是說，他們心中所殘餘的神經質部分，利用肌肉抽搐，或者穿著使自己看起來較爲高大的暗藍色直條紋西裝，無意識地顯露或抒發出來。

極端的說，這樣的人，多少總帶點神經質。

# 處處爭辯，事情也無法改變

與其跟別人爭得面紅耳赤，滿臉就像塗上油彩，倒不如用一雙童真單純的眼睛去看待這些事情。

有種男人時時刻刻都想突出自己，時時刻刻都認爲自己沒有得到公正的待遇。平心而論，要求得到公正待遇，這是無可厚非的，但如果總是自以爲是，隨時隨地都要跟別人爭個高低，這就不好了。

我們應該明白，人世間不公平的事情太多了，無論大事小事都要追求公平，實在是沒有什麼必要，當然，這也是不可能做到的。

很多時候，喜歡辯論的男性不僅僅據理力爭，得理不饒人，而且往往氣壯如牛，總想在辯論中把對方打倒，讓人永遠不得翻身。在這種人的心目中，總認爲自己掌握著眞理，只要對方偃旗息鼓，自己就是勝利者，就擁有了眞理。

這樣的男人，從本質上看其實是外強中乾。他們把大好的時光都耗費在無聊的辯論上，把心思都用在勝敗的較量上，哪裡還有心力去做更有意義的事呢？

說到底，他們究竟從爭辯的勝利中得到什麼？其實什麼也沒有得到。對方無法得到快樂，他們自己也同樣得不到快樂。

另外，這樣的男人容易衝動，不善於判斷事物的發展方向，因此，他們雖然不怕困難，但通常也很難取得預期的效果。

這樣的男性如果能夠明白「大音希聲，大辯若訥」的道理，那麼他們的前途是可以很光明的。否則，眞的會成爲眞正的外強中乾的弱者，一生就在爭論之中莫名其妙地虛度。

著名作家三毛曾經這樣說過：「不求深刻，只求簡單。」這句格言十分値得人們好好地思考，特別是女性。

愛爭辯的女人，通常令人討厭。在一般的印象裡，女性的溫柔是美，人們之所以把某些女性稱爲「女強人」，就是因爲女性背離了自己的本性。女人可以遊山玩水，可以講究穿戴，但是絕對不應該對一個問題糾纏不清，窮追猛打。

男性之間爲了某些問題爭得面紅耳赤或許無傷大雅，但如果一個女人喜歡爭論，就會叫人有點害怕了。

這種說法可能不是那樣合理，但是我們所處的社會就是如此。歷史上那些長於辯論的大師級人物都是男性，如孟子、莊子、蘇格拉底、柏拉圖、黑格爾等。想想，如果李清照喜歡與人辯論，那她的丈夫肯定受不了。

女性應該記住，與其跟別人爭得面紅耳赤，滿臉就像塗上油彩，倒不如用一雙童貞單純的眼睛去看待這些事情。如果不知道改變自己，一心一意企圖用盡方法成爲女強人，恐怕就很難得到美滿的婚姻了。

# 06

# 死皮賴臉，說話充滿壓迫感

有的人臉部表情非常貧乏，反應並不太明顯。
因此死皮賴臉的人，為確認自己講話的效果，
常會一再重複使用「所以」二字。

# 武斷的口吻容易引起反感

講話時，必須特別小心用語，口氣不要過分肯定，尊重對方的意見才是說話的要訣。

許多人都認為，說話時語尾含糊的人，性格大多遲疑不定。這種觀感的確有其眞實性，與這種人談話時，時常會產生對方難以信賴的感覺。

相反的，語尾清晰的人，會使人產生信任感，言詞間往往就給人爽朗的印象。但是，過分加強語尾的人，卻容易引起別人反感。

平常我們談話時，假使在一句話的中間或結尾部分，加上一些助詞或加重語氣，大都是含有希望對方同意或特別注意的念頭，或者是想要加強自己言論的準確性，以便繼續進展話題。

其用意並不全是為調和言詞的流暢度或優美度，而主要是企圖封鎖對方思路，令對方屈服，而順服自己的意思。

許多政治人物的說話方式便是這樣，他們在演講時，總是以自己獨特的音調，低沉而煽動性的說道：「……不是嗎？」

在權力場上競逐的人，必須經常站在說服者的立場說服對方。為要使對方同意自己的說法，有時候當然需要利用試圖壓制對方心理的說話技巧，使對方更難反駁。只是，這種說話技巧往往在不知不覺中，成為當事人一種習慣，以致於與任何人之間，都無法進行真正公平的對話。

因為所有與他們談話以及同席的人，幾乎都被他們的言詞所壓抑住，沒有說話的餘地，致使大家內心煩躁不安。這種煩躁不安的心理，在談話結束後還會殘留在心頭。

此外，有些人在說話時，喜歡不斷把聲調上揚，彷彿很有果斷性，但是這種說話習慣很容易導致聽者的不悅。

雖然對方的聲音很溫和，但若老是在語尾加上一句：「你知道了吧！」「不是嗎？」這一類的話時，聽話的人雖然對他所講的內容並沒有其他異議，但會不由自主地想要加以反駁。

這種類型的人，多半屬於自我中心型，很少考慮別人立場，由於時常以武斷的口吻說話，因此在無意中，常會引起旁人的厭惡。

從事政治活動和教育工作的人必須特別小心這一點，這兩大族群因為職業的關係，很容易養成這種習慣。此外，經常與晚輩接觸，負有告誡、教導責任的人，在不知不覺中也會養成這種語言習慣。

過分強調「注意事項」、「教導事項」，很容易忽略受教者的心理。所以我們講話時，必須特別小心，口氣不要過分肯定，尊重對方的意見才是說話的要訣。

# 適當表示意見可擴大生活圈

凡事在乎他人感受，過分顧慮他人觀感的人，反而會因此喪失友誼，造成遺憾的結局。

每個人講話的方式各有不同，有些人比較會顧慮到別人，有些人則不太理會別人的看法。

一般而言，口齒清晰、性格直爽，講起話來口若懸河的人，大多不太會顧慮到別人的感受。另外，態度嚴肅的婦女、性格冷漠的男士，可能對自己的未來已經看得很透，所以對周遭的一切也都毫無顧忌，他們常是想到什麼就說什麼，即使自己所講的話，會被別人誤以爲是咒罵或批評，他們也毫不在乎。

同樣的，對於別人的謾罵、中傷，他們也不放在心上，而且認爲世界上的人狀況來就是這樣，彷彿對人世間的一切看得非常豁達。

在政府機關上班的人之中，也有很多這類型的人，尤其以低層公務員居多。就某方面來說，他們可以說是擁有最具典型的公務員氣質。

這些人做事時，從不理會別人的意見，「依照上級指示，完成分內工作」是他們心中唯一的念頭。

所以，在處理公務時，他們很少理會百姓的特殊狀況，只是機械性的辦理公事，而且還認爲必須如此做，才能表現出對所有人一視同仁的態度。

這種情形意味著某些從事公職的人，不太顧慮別人的特殊需要。

反之，過分顧慮別人的人，大多是容易被批評或毀謗的言語所傷害的人，爲怕受傷害，所以對別人的意見與立場，往往考慮得太過周到。他們絕對不會採取強硬手段，總是以婉轉溫和的口氣與人交談。

這就是所謂的「好好先生」。這些「好好先生」不管別人怎麼對待他們，都毫無怨言，逆來順受，因此，總會引起朋友們的不平，強迫他們學習罵人的話。

可是，這類好好先生卻總是難以啓齒，有時就算罵過之後，還會加上一句：「眞對不起！」向對方猛道歉。

平常不太顧慮別人的人，凡事大多採取相應不理的態度。他們的社交範圍雖大，但與周遭的關係卻非常冷淡。他們思索人與人之間的關係時，總認爲接受別人的意見應該有個限度，如此心情才會比較釋然。他們特別強調能夠隨意行事，不必受人拘束，行動才能自由。

他們認爲，過分顧慮別人的話，必然無法採取果斷的行動，容易受他人擺佈，因爲當對方的意見與自己想法有差異時，若是無法強烈的表示反對，自己會變得畏首畏尾猶豫不決，而這絕不是他們所樂意見到的自己。

這樣的人，自然不可能擁有圓融的人際關係。

至於凡事在乎他人感受的人，經常表現出模稜兩可的態度，往往讓與他相處的人很難適應，甚至產生反感。這些人的朋友會因爲自己的好意或意見未被他們採納，進而產生被忽略的感覺；久而久之，由於與他們交往毫無樂趣可言，結果朋友們一個個便會棄他們而去。所以，凡事過分顧慮他人觀感的人，最後反而會因此喪失友誼，造成遺憾的結局。

# 心直口快，會讓人感到不耐

心直口快大多具有來自單純思想的正義感，比較不會利用權勢做壞事。在某種程度內，可以放心將一些重要的事情交付他們。

選舉期間，電視常會大肆報導候選人的政見發表會，從觀察的角度來看這種發表會，往往能夠發現一些非常有趣的事實，比如從候選人的說話方式，便可大致了解他們的性格。

近年來，參加競選的候選人，顯然已經習慣於出現在有電視轉播的場合，所以說話的技術越來越高明。

發表政見時，有些人有條不紊，抑揚頓挫表現得恰到好處；有些人則大喊大叫，旁若無人；還有人慷慨激昂，比手畫腳。由這些行爲，我們很容易猜測他們平日的作風。在開會期間，遇到質詢時，爭相登記或舉手發言，但眞正輪到該發言時，又提不出具體的質詢，只是口沫橫飛的敘述自己偏頗看法的人，大多屬於心直口快，思想單純。

這種人時常爲自己的表現感到沾沾自喜，但事實上，他們根本不知道這種行爲非常令人生厭。毫無疑問的，當他發表自以爲是的高見時，周圍的人一定個個滿心不耐，甚至緊皺雙眉。

更清楚的說，這種人根本不懂得如何在團體中與人相處。在他們心中，不但沒有空間容納別人，甚至還會對他人的言論超越自己，而感到憂心，因此養成欠缺考慮他人立場的行爲習慣，在不知不覺中，衍生出動輒排擠別人的念頭。

這類型的人，思考和行動往往十分幼稚。他們不善於考慮事情的前因後果，思維欠缺邏輯組織，所以有時候，會說出一些不倫不類的話，令人覺得啼笑皆非。有時，他們還會無的放矢，隨便亂說一通。

其次，他們的思想也非常單純，凡事都以單純的理論爲基礎，由此發展單純的思路。比如：「因爲世界上有壞人，所以才會這麼混亂，因此我們必須將壞人全部處死。」

諸如此類，總以教條式的理論爲根據，做爲判定善惡的標準，而不去思考產生罪惡的原因以及其社會背景。

不過，這種心直口快的人也有一個好處，就是他們很樂意成爲解決別人紛爭的和事佬。由於他們大多擁有來自單純思想的正義感，因此比較不會利用權勢做壞事，在某種程度內，可以放心的將一些重要的事情交付他們。

當然，與這種人相處時，可能會教人感到非常不耐，例如他們在講話時，經常不會理會別人的反應，像連珠砲般，不顧一切的向對方發射。

與這種人談話時，你幾乎無開口的餘地，只能耐住性子聽他說完，所以常會讓人產生窒息、焦急煩躁的感覺，心情在無法鎮定之下，便會傾向草草應付，以便儘早脫離他的疲勞轟炸。

一般人之所以不容易與這種喜歡自說自話的人建立眞正的友情與信賴，原因大概出自於此。

## 死皮賴臉，說話充滿壓迫感

有的人臉部表情非常貧乏，反應並不太明顯。因此死皮賴臉的人，為確認自己講話的效果，常會一再重複使用「所以」二字。

有些人在講話中，會一直不停使用「而且……」這兩個字。從心理學的觀點看，這是說話者企圖強迫對方接受其自我主張的絕對性心理行為。

據說，在政治界中，以死皮賴臉馳名於世的日本前首相田中角榮，便有這種說話習慣。

本來使用「而且」這個連接詞的用意，是要強調後面的句子，使人留意接下來的話，可是胡亂使用的結果，反而使想強調的句子含糊不清，影響主題的明確性。

講話的人不斷以「而且」強調本身言論的重心，想迫使對方完全瞭解自己的意圖，並留下深刻的印象，結果卻反而使說詞的重點模糊不清，實在是一件十分遺憾的事。

喜歡使用「而且」語句的人，多半是因爲不太瞭解對方，更對對方感到不信任，他們經常會想：「你眞的瞭解我的用意嗎？」由於這種不安的感覺，老是縈繞心頭，所以不知不覺的就會特別強調談話中的各個段落。

要是碰到這種類型的交談者，聽話的人大可不必直接糾正，只需明白地把「我懂了！」這種訊息傳遞給他即可。比如，當他講話講到某一段落時，以深深的點頭，或者說：「喔！原來如此！」來回應。

與「而且」的強迫性質類似，上述類型的人也經常使用的語言，就是「所以……」。

一般說來，我們對於透過「所以」這個字眼，企圖說服別人的說話者，開始大都還算樂意接受。

但是，如果說話者連續多次使用「所以」，則會引起聽者的反感。因爲，「所以」表示下結論的意思，若言詞中一再出現「所以」二字，會使聽者產生被壓迫的感覺。

只是，這類型的說話者大都對自己的缺點毫不留意，他們在探究對方反應時，在未獲得對方首肯之前，會不停重複著「所以」、「所以」……

有的人臉部表情非常貧乏，聽人講話時，反應並不太明顯，因此死皮賴臉的人，為確認自己講話的效果，常會一再重複使用「所以」二字，也並非沒有道理。

使用這種詞句最好還是要有個限度比較好，而且最好是在不使對方厭煩的程度下，適當應用才能得到最好效果。

# 具有控制慾的人，無法令人信任

具有控制欲的人，遲早會使周圍的人對他敬而遠之，因為與他交談時必須要有耐心，而且心情經常都處在緊張狀態。

有些人在說話時，會不停地加入「然而」、「但是」這種連接詞，即使是闡述簡單的意思，也會變得非常繁雜，而無法指出清楚的結論。

有這種習慣，往往在爲時不過四、五分鐘的談話中，重複講五、六次「然而」、「但是」。

我們實在不容易聽出他們話中的重點究竟是什麼？結論又是什麼？眞正的意義又在哪裡？

說話者不斷重複地以「然而」、「然而」銜接話語，否定前面的話，所以使聽者感到厭倦。

但是，這種「然而論法」卻有個優點，說話者可以遵循一定的軌跡，詳細說明自己的見解。因此，會利用這種方法展開言論的人，反應出他們慎重性格的一面。不過，從另一方面來看，他們的確未掌握說話重點，讓他的思想看起來似乎未曾經過組織。

如果他們的想法完整而有系統，應該可以表達得更明白清楚。比如先提出總結，再按部就班根據要點一一說明，如此才能使聽者產生深刻印象，並認爲說話者的思考清晰而有條理。

不管如何，使用這種「然而論法」的人，思考多半還未理出頭緒，所以言論中存在許多模稜兩可的地方。如此不但無法說服對方，反而使人猶豫不決，不知是否該接受聽到的言論。

這種說話的方式，也隱藏著巧妙的操縱性。因爲如此說話的人時常會利用「然而……」，把結論一轉再轉，迫使聽者糊裡糊塗採納他的意見。所以，也可以說該類型的人具有控制他人的心理。

這種具有控制慾的人，遲早會使周圍的人對他敬而遠之，因爲與他交談時必須要有耐心，而且心情經常都處在緊張狀態，往往不知道下一個「然而」將會出現什麼樣的新見解。因此，如果缺乏耐心時，實在難以長久相處。

# 性格慎重的人難以親近

經常以「我認為如此」下結論的人，會使人產生冷漠的感覺，彷彿說話者置身事外。

性格愼重的人，講話聲音多半較小，並且速度較慢，似乎對吐出的每句話都經過愼密的思考、選擇一般。甚至，還會習慣在語尾上附加一句：「我眞的認爲如此」，這是愼重型的人具有的特徵。

作風愼重的人講話時大都儘量避免使用肯定語氣，經常以「我認爲如此」做爲演說的結語。他們提出的言論，會令人感覺發言之前曾用心思考過，與他們談話時，也能察覺出他們很尊重對方的意見或辯解。

這樣的人總是先認眞傾聽別人的見解，然後以謙虛的態度，仔細思考之後，再說出自己的意見。所以在這方面，會讓人覺得他們是彬彬有禮的紳士，因而對他們產生良好的印象。

但是，由另個角度來看，經常以「我認爲如此」下結論的人，會使人產生冷漠的感覺，彷彿說話者置身事外。

通常慎重型的人即使本身處於問題的漩渦中心，心裡也會希望退一步，離開風暴，以旁觀者的角色來探測問題。

所以，他們具有評論家的氣質，尤其一旦遭遇麻煩或不順時，他們懷有預留退路的想法，也會較其他人來得強烈。不！應該說他們爲避免發生危險，對每件事情的處理都非常小心。

因此，從聽者的立場來看，這種評論家的作風，總是顯得事不關己。儘管他們會參與事情的討論，可是卻有意無意拉遠自己與事情間的關係，使人覺得他們有逃避責任之嫌。所以，大家即使聽到他們所講的話，也無法深刻體會到這些話的眞正含意。

慎重冷靜的思考或發言，雖然是解決問題的必要條件，可是這種發言卻缺少激發他人同意自己論點的動力，無法創造出解決問題的氣氛。

與其如此，講話時夾雜著比手畫腳的強調動作，不顧一切深入問題中心的熱烈態度，反而能夠普遍獲得人的信賴與好感。

在制度已上軌道的龐大組織當中，這種「我認為如此」的愼重型人物卻相當被器重。

愼重的個性使他們飛黃騰達、平步青雲，因爲公司的規模越大，越希望其成員細心謹愼。這種環境，對做事謹愼、不出紕漏的人非常有利。

不過，一般而言，他們的地位高昇還是有限的。習慣說「我認爲如此」的人，做事雖然十分用心，但言詞方面卻缺乏幽默感，使人難以親近。因此屬下、同事對他的印象大都非常平淡，這種人要想出人頭地也是十分困難。

# 不要嘗試與頑固型的人溝通

對付頑固的人最理智的辦法，就是一旦發現他與自己的意見相違背時，就立刻把話收回，換個話題。

有些人在講話時，要是不在言詞間插入「嗯……」這個字眼，彷彿無法意會自己的話，不能繼續進展話題。

這種人大多屬於頑固型，他們多半對自己的意見與主張有絕對信心，不准別人反駁或插嘴。

換言之，他們在言詞間，加上「嗯……」的用意，不單是對自己所說的話表示首肯，實際上是利用這些聲音來無情地阻擋別人的發言。

許多政府官員就是屬於這一類的典型人物。

乍聽之下，他們似乎是在附和自己所說的話，陶醉在自己的主張中。可是實際上並不只是如此，他們之所以這樣說話，主要還是想把對方的意見用「嗯……」排除掉。

因此，對這種類型的人提出反對或意見，幾乎毫無作用，雖然他們不會正面拒絕他人的言論，卻會以一副很熱忱的態度，巧妙地把話題轉開。

如果有人不清楚這一點，堅持自己的意見之時，他們大多會輕輕地帶過，有時甚至輕蔑地表示：「這個傢伙眞傻，我講的話，他難道聽不懂嗎？」進而引起一些彼此的困擾。

對付這種人最理智的辦法，就是一旦發現他與自己的意見相違背時，就立刻把話收回，換個話題，或者採取承認對方的意見或主張，放棄己見或想法的態度。

若是認爲自己無法做到這點，甚至與這種「嗯嗯」型的人實在水火不容，那最好一開始便與他們保持距離，避免交談的機會。

「嗯嗯」型的人，因爲本身頑固不化，經常會遭到他人的反駁與抗拒，也就是說，他們很容會被社會上的人視爲混亂與爭端的來源。不過即便如此，這些人依然故我，可以說頑固到家。

由於他們不承認自己是頑固者，且固執地認爲：「我所提出的言論是絕對正確的！」對自己言論的正確性，具有不可動搖的信心，因此，在他們心中絕沒有挫折感，並且深信自己的主張不久將會來臨。

# 別一開口就想說服別人

在野身分或是處於逆境中的人，大多具有不安定感，總認為若是不能提出更多的辯解與主張，所處的環境會更加不利。

許多政治人物都喜歡用「……的話」做爲講話的停頓處，特別在言詞過於激烈時，這種語法出現的次數更多。

其實在「……的話」之前，必須表達的意思都已經表達了，大可不必再加上「的話」二字，這時使用「的話」，用意在強調言論的內容。

通常在「的話」之後，應該接著「那麼就會……」或者是「我認爲……」這樣的言詞，可是這些話大多被說話者所忽略，而以「……的話」代替之，藉此強調自己對講話內容的堅定意志與主張。

喜歡使用這種「的話」說詞的人，會令周圍的人感受到一種鬥志，所以政治家在闡述自己的政治理想時，或是公司老闆對自己的職員講述個人抱負時，往往會在不知不覺中使用這種口氣。

如果僅是閒聊日常瑣事，實在不需要使用這種充滿鬥志的說法。

由此可見，「……的話」的說詞，乃是一種僅適用於演說場面的說法，要是在日常生活中也經常使用，則容易製造「說服者」與「被說服者」的對立立場，而使彼此的談話失去平衡，缺乏和諧性。

這種類型的人大多是認眞而純潔，不喜歡拐彎抹角的人，但也因此缺乏圓融與幽默感，說起話來常常是開門見山，沒有一點緩衝餘地。

他們不僅說話如此，即使處理日常生活瑣事，也毫無商量餘地，因此容易造成格格不入的人際關係。

也就是說，常使用這種說詞的人缺乏所謂的寬大胸懷與恢宏氣度。他們有拘泥眼前小事的習慣，遇到疑難時，不論大小，總是追根究柢，不肯罷手。因此，這類的人大都無法把眼前的事暫時放下，而去處理其他的事情，即使在迫切需要時。

前述類型的人亦可稱之爲逆境型。

他們大都是個少數派的領袖，或屬於在野陣營，因此讓他們養成具有勇於面對現實的氣魄，遇到發表言論的機會絕不輕易放過，並立刻提出自己的意見，企圖說服別人。

在野身分或是處於逆境中的人，大多具有不安定感，總認爲若是不能提出更多的辯解與主張，所處的環境會更加不利，所以他們喜歡利用前述的說法，以強調要點的方式，積極地遊說他人。

# 進行性格分類有利於支配

若是能夠確認對方所屬類型，便可預測他在碰到某種刺激時，會產生何種反應，更可藉此觀察所得的結論來支配他人。

一位剛進公司的新進職員，有天上班時，不明就裡地被科長刮了一頓。正當他搓著雙手，不知如何是好時，科長竟然怒氣沖沖地罵道：「你到底呆在那裡幹什麼？」嚇得他冷汗直流，整天憂心忡忡，擔心失去工作。

不料，下班回家的途中，卻受到科長邀請，相偕至餐廳進餐，席間科長竟然親切地拍著他的肩膀，鼓勵道：「好好的幹，你一定會有出息的！」

相反的，他的股長對屬下很溫和、親切，但是爲人卻相當深沉，從外表言行上，根本很難了解他心裡究竟在想些什麼。

於是，新進職員向一位與上司相處很久的老前輩討教，老前輩說：「我們的科長屬於唐吉訶德型，股長屬於哈姆雷特型！」

聽完這番話後，他馬上想起科長、股長的言行舉止特點，因而對上司們的個性有了更清楚的認識。

描述人類性格的言詞相當多，例如嫻淑、明朗、頑固、陰險……等。某個心理學者曾經下功夫收集這些單字（大多是形容詞），據說這一類單字的組合大約有一萬八千多種之多。

同樣是「明朗」這個形容詞，依照語言的組合，又可分爲溫和、爽朗等不同的明朗。由此可知，性格的類型更多，可以說有無限的組合，地球上如果有數十億的人口，就有數十億種不同的個性。

從單字的組合上，如果是「豪爽、明朗、外向」，我們很容易便能明白是那一型的人物，但如果是「明朗、頑固、憂鬱」的組合，就會難以理解和想像。換言之，例如以性格明朗爲主軸，加上具有共通性或與其有關聯的單字，就會構成一定的語群，形成比較固定的性格類型，使我們能夠輕易而充分的瞭解。

在日常生活裡，一般人所謂的某某類型，也是依照這些固定的類型描述來判斷他人的人格。所謂的唐吉訶德型、哈姆雷特型，乃是依照小說中的主角性格爲標準，當作性格的一種判斷。

除此之外，我們也可用其他的特徵做爲訂定典範的標準，例如歷史人物而言，可舉出劉備型、關公型、諸葛亮型等，由地理上的特徵，可分爲南方類型、北方類型，由職業方面可分爲老師型、記者型等，這些性格類型的判斷方式，常常被人使用。

心理學將上述分類方法稱爲類型心理學，這種心理學式的原則，自古以來便一直被許多學者所使用。這不僅要整理分類性格特徵，同時還必須建立一個完整的脈絡，並加以研究分析。

例如，古希臘的蘇格拉底曾提出一項假設，認爲性格的差別，乃是內分泌的個別差異所造成。因此，他把人格分爲黑膽汁質、膽汁質、黏液質、多血質等數種類型。當然，以現代人角度看來，這種分類方法並不實際，隨著時代進展，經過無數學者的努力研究，才逐漸產生大家所能接受的性格分類法。

這種類型學正是瞭解人性的鎖鑰，假使我們具有這方面的知識，在了解人性上就比較方便。

例如，與人初次見面時，若是對方的態度顯得畏縮不前，由這小小的特徵，可以了解他是一個內向型的人！

而平常十分明朗的人，卻有時會突然心情憂鬱，那麼亦可推斷他是個屬於躁鬱型的人。

由外觀看來，雖然兩者個性表現互相矛盾，實質上卻可合爲同一類型，加以歸類。若是能夠確認對方所屬的類型，便可預測他在碰到某種刺激時，會產生何種反應，以及他所能勝任的工作，更可藉此觀察所得的結論來支配他人。

當然，以固定類型做性格分類，有時難免會有以偏概全的缺點，因爲這當中一定會有許多例外的情形。

但是，根據這種方法，在某種程度之內，的確可以掌握對方的整體形象。所以在建立人際關係時，多少還是能夠有幫助，可用以適應同事、職場或學校等團體生活。

# 07

# 太過親密，往往虛情假意

急功近利的人，
才會不怎麼理會對方的心情，
這樣的人是比較自私的，
通常和這樣的人無法成為真正的知心好友。

# 太過親密，往往虛情假意

急功近利的人，才會不怎麼理會對方的心情，這樣的人是比較自私的，通常和這樣的人無法成為真正的知心好友。

和剛剛認識的人馬上就能進行親密的談話，代表什麼意義呢？

我們和朋友談話，與跟剛剛認識的人談話，說話的語言自然會不一樣，而即使初次見面的對象是比自己年少的人，一般也會注意自己的措辭。但是，有的人在初次見面的寒暄後，馬上就能無拘無束地與對方進行親密朋友之間的談話。

一般來說，年輕人很少使用禮貌性的話語來說話。但是，如果是一個在社會上工作多年的人仍用這樣的談話方式，那就會讓人覺得很難理解了。

「你住在哪裡呀？可真遠呢，上下班很辛苦吧！」如果一個和你年齡差不多的人，與你初次寒暄後就這樣對你說話，那你一定會不知如何回應，很難這樣順著他的提問回答他：「如果是上下班的尖峰期就很慘了。」於是只好回答他：「是的，很辛苦。」但是，對方若又繼續問：「那麼你上下班不就累死了嗎？」你在吃驚的「啊」一聲後，還是只能用含糊的話語來回答他，這樣的談話會讓人覺得很傻。

其實，對方並沒有惡意，大概只是想製造出朋友般的氣氛，希望能夠輕鬆地展開談話。這樣的人根本不會理會對方怎樣看自己，只是裝出與你是朋友的模樣。

在初次見面的時候，不管是誰都會對對方有所警戒，因此態度和談話都會顯得很見外，但隨著時間的流逝，相互之間進一步了解後，才會用比較隨便的方式談話。

這就好像爬樓梯一樣，有循序漸進的過程。

沒有經過這種過程的人或急功近利的人，才會不怎麼理會對方的心情，一味按照自己的意願做事。因此，這樣的人是比較自私的，通常和這樣的人無法成爲眞正的知心好友，因爲這樣的人不管碰到誰都會擺出一副和每個人都是朋友的樣子。開始可能會覺得這樣的人臉皮很厚，實際上這樣的人大多是不甘寂寞的。

# 握手的方式代表著心思

在一些可以用點頭來表示的場合中還是尋求和對方握手的話，那麼這可以說明這個人是一個很積極的人。

用力緊緊握手的人具有積極的性格。

握手是比點頭問好更加親密的寒暄方式。比如說好幾年沒有見面的老同學在同學會上見面，爲了迅速拉近彼此的距離，可能大家會互相握手，而且在分別的時候也會很自然的和對方握手告別。

現代社會，通過握手來寒暄的人也越來越多。握手並不是什麼特別表示親密度的行爲，而只是一種再普通不過的寒暄方式。

雖然話是這麼說，但是在一些可以用點頭來表示的場合中還是尋求和對方握手的話，那麼這可以說明這個人是一個很積極的人。

他會積極的對待對方，而自己也希望對方用同樣的態度回應，他想把這樣的心態通過握手這個動作表達出來。

和這樣的人握手時，會感覺到他緊緊的握著你的手，而且用眼光來表示與你見面時高興的心情，並且這樣的心情會更進一步通過握手來傳達給你。

就好像在同學會上和老朋友見面一樣，用眞心來和對方握手並希望能給對方留下好印象，這樣的人也同樣期待著這樣的效果，所以向你伸出了他的手。

沒有回應對方握手的人具有懶散的性格。

緊緊握住對方伸出的手是一種禮儀，對對方表示的好意同樣也用好意來回應是君子的做法，但是，如果你眞心誠意的向對方送出「和你見面可眞高興」的信號，對方卻沒有回應你，那麼你一定會覺得很沮喪。因爲，對方的行爲就代表著：我絲毫沒有想和你如此親密的意思。

當你伸出手想與對方握手時，若對方只是輕輕的握了一下，或者根本就沒有回應，可以認爲這樣的人可能是想刻意表示出對你不感興趣。不過，通常如果對方對你抱有這樣的心態，他在表面上還是會表示對你有親密感的，而如果連這一點都沒有做到的話，那麼可以認定這樣的人是一個具有懶散性格的人。

此外，因爲你已經向他伸出手了，他才迫不得已也向你伸出手來，這種行爲好像就在告訴你：除了握手以外，他不想再和你交往了。

這樣的人對自己不感興趣的事情都採取很消極的態度，而且不管對方怎樣看待他，他都覺得無所謂。

這樣的人不管是作爲你的同事還是部下，都會讓你覺得很難相處，如果要和這樣的人交往，就要尋找他的長處，然後從這一點切入才會成功。

# 通過對方笑的方式了解對方的性格

喜歡蔑笑別人的人在性格上有一定程度的缺陷，而嘴角歪向一邊地笑，正可以顯示出他們扭曲的性格。

即使在快樂的笑容當中也可以透露出一個人的性格，因爲就和人的性格一樣，每個人的笑容也各有不同。人在笑的時候可以說是毫無防備的，而這種時候人們所隱藏的性格都會暴露出來。

因此，那些想要隱藏自己性格的人是不會輕易露出笑容的，看到有人在笑，他們常常想著：「連這種無聊的事情也覺得好笑，還笑得這樣難看。」這種人不會笑，並不是他忍著不笑，而是完全沒有想要笑的心情。

不過，即使是這樣的人，偶爾也是會笑的。比如說，聽相聲的時候這種人笑了，但是他並不是因爲相聲的內容才笑的，而是看到人們的笑臉才發笑的，他是在取笑別人「嘴巴張得這麼大，簡直就像一個笨蛋一樣」。

別人摔倒了他也取笑，別人失敗了他也取笑，像這樣的笑，可以把它稱爲「蔑笑」，通常這樣的笑容都是嘴角歪向一邊地笑，例如看到別人背著一個大登山包，就會認爲別人「登山還特意背這麼大的包包，實在是一個愚蠢的人」。他這樣想著，就會不自覺的歪著嘴巴蔑笑起來。

這樣的人實際上是在蔑視對方，有意想要顯示自己比對方要優秀，也可以說他們的笑是一種惡意的笑。喜歡蔑笑別人的人同時也很討厭被別人蔑笑，而爲了避免自己的行爲被別人取笑，他們在行爲上常表現出消極的態度。

他們會覺得自己沒有做出這樣愚蠢的事情是很了不起的，當然，抱著這樣的心態去看整個世界就不會有好奇心了。另外，他們對於不能夠接受如此偉大的自己的社會常常抱有不滿的心態，因此總是祈禱著別人會發生更爲不幸的事情。這樣的人在性格上有一定程度的缺陷，而嘴角歪向一邊地笑，正可以顯示出他們扭曲的性格，所以遇到帶有這種笑容的人一定得特別當心。

# 張口大笑的人容易交往

當你看到對方張開口大笑，不能就此斷定他就是開放的、豪爽的人，有一部分的人只是希望自己能讓人感覺他們是這樣的而已。

張開口大笑的人具有什麼樣的性格？

張開口大笑，甚至可以讓人看到喉嚨深處的人，一般而言擁有開放、豪爽的性格。

不過，笑的方式只要透過練習就可以達到自己想要的模樣，因此如果你想要讓別人覺得你是一個豪放、磊落的人，那麼你只要練習張開口笑就可以了。

只要能拋棄害羞的心態，就可以達到你要的效果。

爲什麼這樣說呢？這是因爲即使在很膽小的人裡面也有人會張開口大笑，注意觀察一下的話就會發現，男性居然是占了大多數。

這種人的眞實內心在危難的時刻會清楚展現出來，也許平時他是張開嘴大笑的人，可是一旦到了危難時刻，就會表現出他的怯弱了，而且在大多數情況下，這樣的人只會慌慌張張、無所適從。

因此，當你看到對方張開口大笑，不能就此斷定他就是開放的、豪爽的人，雖然也會有人的性格與笑容表裡一致，但是請一定要記住，有一部分的人只是希望自己能讓人感覺他們是這樣的而已。

不過，不論是出於什麼樣的動機，這些人都並非是壞人，也很有可能會逐漸變成自己所希望的那種類型的人，至少這種人比起那些想要隱瞞很多事情而不笑的人，要容易交往多了。

至於不會張開口笑的人是什麼類型的人呢？

女性經常抿著嘴笑，這是因爲她們認爲抿著嘴笑會比張開口笑顯得淑女一些。但是，在男性面前採用抿嘴笑法的女性，如果置身女性朋友之間，也還是會哈哈大笑的，因此對這些女性而言，抿嘴笑也可以說是一種演戲。

不過，如果立刻就斷定這樣的人是表裡不一，也未免太過武斷了，因為不管是誰都希望自己可以給對方留下一個好印象，所以在第一次見面的人面前，是沒有辦法像在朋友之間那樣笑的。

如果讓我們來分析一下這樣的心理，就會發現其實還是含深層意義的。

如果想要給對方留下好印象的話，那麼笑容是最直接的辦法。即使並沒有什麼有趣的地方，但是為了不讓對方有不愉快的感覺，於是勉強和對方一起笑，只是在這種時候就沒有辦法張口大笑了，因為心中仍存在著警戒心，因此就會不由自主的抿著嘴。

這樣的笑法一般是在第一次見面的人面前，或者是在不怎麼熟悉的人面前才會出現，若是和對方比較熟悉後，對方仍然採取這樣的笑法，那麼就代表對方不想讓你看透他的內心，而這樣的人一般是警戒心很強或是內心非常怯弱的人。

# 笑的方式，代表不同心思

稍微低著頭嘻嘻笑的女性，多半是希望這種笑法能博得男性的歡心，是在向外界宣告她的可愛，或希望被大家疼愛，不想承擔責任。

哇哈哈大笑的人，一般都具有領袖的人格。

豪爽大笑的方式是一個人充滿自信的表現，如果沒有這樣的自信卻硬要作出這樣的笑法，就會產生很勉強的感覺。

虛張聲勢採取這樣笑法的人是可以輕易判別出來的，因爲他們在笑的時候眼睛並沒有在笑，而只是聲音在大笑而已，所以聽的人會覺得很彆扭。

但對自己很有自信的人，他們的眼睛、臉部、整個身體都會在笑，只是有時會帶點太過自信的討厭感覺。

「你只要默默的跟著我就行了。」有著這樣領導性格的人，一般都採取這樣的笑法，這樣的人很有老闆的氣派，但是不太在意細小的事情，也不能夠忍受那些被自己認爲是不重要的事情。「你不要連這樣的小事情都一一來向我彙報。」這種類型的上司常會這麼說。

至於經常嘻嘻笑的女性，一般而言是八面玲瓏的美人。

稍微低著頭嘻嘻笑的女性，多半是希望這種笑法能博得男性的歡心，也可以說這是一種少女般的笑法。而如果是成年女性採取這樣的笑法，那麼她可能是在向外界宣告她的可愛，或希望被大家疼愛，不想承擔責任。

這樣的人多半是八面玲瓏的類型，如果你問她：「妳現在有男朋友嗎？」她就會用嘻嘻的笑聲來回答你。

對於採取這種笑法的女性，男人可能會很容易就約到她們，但是在約會時也經常被她們放鴿子。

其實，她們並沒有惡意，只是她們多半都是很不負責任的類型。例如，她們在工作未完成時也不會加班，就收拾東西走了。如果你注意到這種情況而詢問她們時，可能她們會回答你：「好的，我明白了。」但是又會繼續心平氣和地說：「但是，今天請您無論如何也要讓我早點回去，我今天有事情。」

這種類型的女性在高興的時候就會非常歡鬧，而一旦心情不好的話，就會一下子變得很消沉，連看都不看他人一眼。

雖然說她們的性格的確有點幼稚，但是如果沒有人寬容她們的話，她們是沒有辦法這麼任性的，所以恐怕是周圍的人都像愛護寵物一般的愛護她們，才造成她們這種個性。值得一提的是，如果周圍的人一直沒有改變對她們的態度，那麼這樣的女性恐怕就永遠都長不大吧！

## 真心的笑與虛偽的笑

哧哧的笑聲是一種帶有殺氣的笑聲，發出這種笑聲的人總是在壓抑著自己的真實感情，且只有在觀察對方反應時才會露出笑容。

呵呵笑的人，一般是碰到了好事。

既沒有什麼煩心的事情，也沒有什麼值得炫耀的事情的人卻呵呵笑著，那一定是因爲事情進展得很順利，而情緒也很安定。

如果家裡有著年老的雙親，妻子又由於看護老人過於疲憊而患上了神經衰弱，且小孩子又離家出走，自己也被公司裁員的話，在這樣的狀況下，任何人都沒有辦法從心裡發出呵呵的笑聲。

如果能從心裡發出這種笑聲的話，那麼可以說明這個人是很幸福的人。不過，有時候，人是在笑的時候不知不覺地變得幸福了，這就是所謂透過有意識的發笑來治療的「精神療法」。

不管是怎樣小的快樂都可以，只要你能發出呵呵的笑聲，那你就會漸漸覺得之前煩惱的事情都是無聊的小事，並且在笑的時候也會變得開心起來。

無憂無慮地笑著的人，其實心裡一定也會有著大大小小的煩惱，但是他們積極的想把煩惱趕走，因此，如果你見到有人開朗地歡笑，別單純地認爲他們一定非常幸福而沒有任何煩惱。

沒有煩惱的人是不存在的。但是，記得要歡笑，要學習這些人積極樂觀的心態，因爲能夠開朗歡笑的人，即使只是一個小小的喜悅也會讓他們覺得很珍貴，能夠從中體會到快樂、幸福。

至於哧哧笑的人，則很難與他相處。這種笑法是前面所提到的蔑笑型。

「那個人連那樣簡單的事情都會被他搞砸了，哧哧。」如果有人這樣笑著和你說話，你一定會發現他們的眼睛會告訴你，他沒有打從心裡在笑。

哧哧的笑聲是一種帶有殺氣的笑聲，發出這種笑聲的人總是在壓抑著自己的眞實感情，且只有在觀察對方反應時才會露出笑容。

在古裝劇中常有這樣的壞官員，一邊審問犯人時，一邊會問：「你認罪嗎？哧哧。」同時觀察著對方的反應。剛剛所說的大概就是類似這樣的場景，雖然他們的嘴巴在笑，但是眼睛卻盯著對方，猜測對方是什麼樣的心態。

這樣做的人恰恰反應他們猜疑心強烈的內在心理，基本上他們只相信自己，而對對方常常存有疑問，猜測對方到底是不是和自己是同一類人，不知不覺中這樣的信號就反應在笑容上面。

能夠一下子就消失也是這種笑容的另個特徵，通常對方在這個時候又恢復成滿臉猜疑的狀態，而且會用懷疑的眼光看著你作出下一步回答。

這種類型的人都不怎麼向外界透露他們的眞正內心，所以你在他們面前也最好不要敞開自己的內心，對待這種人最好的方法就是用些無關痛癢的話來應付。

# 通過走路的姿勢了解一個人的個性

協調性差的人也經常是這樣走路的：駝著背，把手插在口袋裡。讓人覺得好像他們背負了全世界所有的不幸。

堂堂正正走路的人，個性是不是眞的堂堂正正？

挺起胸膛、筆直地朝著某一點走去的人，大多數是很孤獨的人。不知道看到這種的走路的方式時你會聯想到什麼，也許是軍隊前進的場景。爲什麼會聯想到這樣的場景呢？因爲我們可以發覺到這樣的人根本不理會周圍的環境，只注視著自己要前進的方向。

在街道上滿是能激起人好奇心的東西，比如「某某女子學校的制服換了款式」或者「啊！原來電話還有這樣的功能」，又比如「現在的年輕人都對什麼樣的遊戲軟體感興趣呢」，或是「路旁的樹木開始變換顏色了」……因此即使你目不轉睛地盯著前方，周圍的資訊還是會不斷充滿你的視聽。

但筆直地朝前方走去的人，根本就無視周圍發生的一切事情，讓人感覺好像是走在一條自己的道路上，也顯示了自己和社會的脈動一點關係都沒有。

有這種走路方式的人，另一個原因可能就是爲了要讓別人注意自己的行動。他們挺胸收腹，只一味地朝著前方走，一定是爲了讓別人看到自己堂堂正正走路的樣子，因此，也可以說他們是很想顯示自己的人。

和這樣的人一起走在街道上會覺得很辛苦，因爲你對他提問時，他也只會回答「哦」、「嗯」之類的單音，就好像是老闆和秘書、貴賓和侍從一樣的關係。這樣的人根本就不懂得「人情是很微妙的」這句話的意義，表現在外表上就是採取這樣的走路方式。

如果你走在滿是政府機關的街道上時，經常可以看到在腋下夾著方型的文件夾或是公事包，而且急忙忙走路的人。雖然有時是很多個人走在一起，但是他們之間好像也沒有什麼談話，不會讓人覺得他們之間有什麼關連，而急急忙忙地走路就是缺乏協調性的人的最大特徵。

相反的，也有人是稍微低著頭、拖著腳步走路，這樣的走路方式最常見於在繁華街道上漫步的年輕人。通常在這些繁華街道的附近有一些補習班，而這些年輕人大多是那裡的學生，這樣的走路方式，充分表達出他們認爲「人生絲毫沒有什麼有趣的東西」這種不滿的心態。

協調性差的人也經常是這樣走路的：駝著背，把手插在口袋裡。讓人覺得好像他們背負了全世界所有的不幸，這絕對不會是有協調性的人的走路方式。

不管是急急忙忙地走路，還是慢吞吞地拖著步子走路，都是無意識的行爲，也許在很多情況下周圍的人會注意到，但卻只有本人沒有注意到這點。

充滿好奇心的人能夠隨時調整他們的步伐。看著這種人的步伐可能會讓人覺得好像是汽車在不停換檔一樣。他們會根據不同的需求來調節自己的步伐，有時候會走得很快，而有時候又會悠閒的走路。

這樣的人會根據不同的情況調整爲不同的步行速度，而採取這種走路方法的人，好奇心和行動性都很旺盛。

# 打電話的方式會暴露出每人的性格

用肩膀夾著電話，而兩手空出來做其他的事情，一邊講電話一邊還能夠做其他的工作，表示有很強烈想向外界表現自己的意識。

通過拿話筒的動作，也可以看出對工作的態度。

在打電話的時候，如果電話裡的人朝著你大聲咳嗽的話，那麼你一定會想「是不是感冒了」。但是，就是因爲通過話筒和對方談話，所以經常會誤認爲對方離你很近，並因而做出錯誤的判斷。

有的人講話時是拿著話筒的上方談話，而且這樣的人大多爲女性，而且這說明比起談話的內容，她更注意和對方的距離感，也無意識地表示了「我不想在你身邊說話」這樣的心情。

由此可以推測，比起工作的內容，這樣的人更在意工作環境中的人際關係。

相反的，也有人拿著話筒的下方講電話，比起聽對方說話，他們更注重的是自己所說的話，也可以說他們把話筒當成是麥克風來使用了，而這樣的人通常是不顧一切地想要開展工作的類型。

有的人講電話時，會用兩隻手握著話筒。這樣的動作向周圍的人表示他正在打的電話是與工作無關的私人電話。

而有的人是用一隻手握著話筒，而另外一隻手掩著嘴巴，這是在說些什麼悄悄話的特徵，不太可能是在談公事，有可能是在約定約會的地點，或者在說他人的壞話。總之，如果是在上班時間用這種方式講電話，那麼就可以說明這樣的人沒有什麼想要工作的心思。

一邊捲著話筒的電話線一邊談話的人，又是怎樣的性格呢？

這種人通常是陽奉陰違的人。比如說你剛從外面回來，看到一個女性在辦公室裡邊用手捲著話筒的電線邊講電話，而在看到你進來時就說：「關於這件事情，我待會兒再打電話給你。」然後就慌慌張張的把電話給掛了。

用手捲著電話線就是她正在用公司的電話進行私人聊天的最好證明，因爲如果是公事的話，一般不會超過三分鐘，也就不會一邊捲電話線一邊說話了。

對這種類型的人而言，比起工作，她們更想要和朋友們聊天，或談論一些無關緊要的話題。但是，她們一邊聊天又一邊用手指捲電話線的動作，又顯示出她對談話內容並不是非常關心，也就是說純粹是爲了解悶而已。

這種類型的人最希望上司不要交代一些重要工作給他們，最好只讓他們做一些輕鬆的工作就好了，而他們講電話的方式就露骨地表明了他們不想工作的心態。

打電話的時候，用肩膀夾著電話話筒的人，心理狀態是怎樣呢？

當電話鈴聲一響，有的人就馬上用右手拿起話筒，並夾在左邊肩膀上，對對方說：「你好，我是某某。」

在一般情況下，接起電話時會先通報公司或部門的名稱，這是常識，但是這種人卻先通報自己的姓名，這就表示他們是很想表現自己的人。

這樣接電話的姿勢就是用肩膀夾著電話，而兩手空出來做其他的事情，一邊講電話，一邊還能夠做其他的工作，表示有很強烈想向外界表現自己的意識。

不過，有些人把電話話筒夾在肩膀上面，會覺得太小了，於是就得把頭傾斜到一邊，這樣的姿勢，其實只是想要做做樣子而已，畢竟如果真的要記筆記的話，那麼用左手拿話筒，右手就可以記了，即使是正在打電腦，也是可以空出一隻手接電話的。

這種接電話的方式顯示出，既想要做這件事情又想要做那件事情，這樣的人多半是中途而廢、三心二意的人。也許可以說，比起工作的內容，他們更陶醉於似乎很有能力來完成工作的自己。

# 責怪自己，是為了依賴別人

總是把自己説成是錯誤的一方的人還是會不斷的重複錯誤，而一旦又犯了同樣的錯誤，還是又會做出同樣的迎合行為。

容易產生自卑心理的，到底都是怎樣的人呢？

人的眞實的性格在平時的生活中是不會輕易表現的，因爲在時間充裕的時候，性格可以得到隱藏。我們也都聽說過，平時總是悠閒地安排所有事情的人，一旦碰到地震的話，可能會一邊提著褲子一邊從廁所裡跑出來。由此可見，當人受到挫折的時候或者碰到危機的時候，才能看出一個人的眞實性格。

有的人即使只是碰到小小的失敗，也一下子就顯得很自卑，總是責怪自己：「我眞是沒有用的人，連我都討厭我自己，眞是失敗。」

像在這種時候，幾乎不會有人回應說：「的確，就如你所說的那樣，你眞是失敗。」一般人都會安慰道：「每個人都會有失敗的時候，你不要太放在心上。」於是，那個由於別人失誤而蒙受損失的人，反而變成了必須鼓勵對方的人，兩人的立場產生了逆轉的現象。

這就是心理學上所謂的「迎合行動」，是一種以迎合對方心理來掩蓋自己失誤的方式。「對不起，讓你也工作到這麼晚」或者「哎呀，我眞是糊塗」……等等也都是「迎合心理」的表現。

這種類型的人一般都想要把所有事情委託他人處理，依賴心也很強。雖然總是把自己說成是錯誤的一方，但那並不是他的眞實心聲，他也未眞的反省自己的錯誤，證據就是這樣的人還是會不斷的重複錯誤，而一旦又犯了同樣的錯誤，還是又會做出同樣的迎合行爲。

「哎呀，我又做錯了。」他們一邊這樣說著，一邊輕拍自己的額頭，這樣的行爲與其說是對自己的懲罰，還不如說是無意識的想要表現給對方看的迎合行爲，所以在和這樣的人交往之前，要做好心理準備，因爲他們是依賴心很強的人。

# 越不行的人越愛批評

一味責難對方並把責任都推到對方身上的行為，多半正是對自己沒有信心的表現。正是因為知道自己沒有辦法做到，所以就站在批評的一方。

隨便的譴責對方的人有怎樣的缺點？

有的人總是不喜歡承認自己的錯誤，總是會說：「那個時候我不是說得很清楚了嗎？」而把之前的事情拿出爲自己辯解，想要把責任轉嫁到別人身上。而如果你覺得很不滿並回答說：「我當時可沒有聽到你說什麼。」那麼他可能就會再說：「我當時明明已經說了，你爲什麼沒有好好聽我說呢？」於是最後就變成互相在爭執。

事實上，這種一味責難對方並把責任都推到對方身上的行爲，多半正是對自己沒有信心的表現。

但是，讓人覺得很意外的是，這樣的人半都不怎麼引人注目，一般都沒有能力把大家召集起來，而且正是因爲知道自己沒有辦法做到，所以就站在批評的一方。

「你這樣做沒有問題吧？」或者「我也不知道以後會變成什麼樣子。」他們總是說著這樣的話語來逃避責任，這樣的人絕對不是一個很好配合的同事，因爲當發生失誤時，可能就會產生如「那你自己一個人做吧」或者「難道你想要推卸責任」這樣相互責難的結果。

可以斷定這樣的人不適合擔任領導工作，因爲他對自己沒有什麼信心，只能按舊規章進行工作。另外，只關注瑣碎的手續並對周圍人的評價不怎麼在意的人，也是一種缺乏自信心的展現。

08

# 如何聽出別人在想什麼？

巧妙地分析對方談話的口氣、速度、聲調，
探究對方的內心正在想些什麼，
這是增進人際關係的要點。

# 如何聽出別人在想什麼？

巧妙地分析對方談話的口氣、速度、聲調，探究對方的內心正在想些什麼，這是增進人際關係的要點。

和別人交往過程中，只要讀懂對方的言行，其實僅從談吐、遣詞用字方面，就可以窺視對方的內心狀況。

因爲，談吐的方式會反映出一個人當時的心理狀態，越深入交談，愈會暴露出他的原本面目。因此，仔細觀察談吐方式、遣詞用字，是探知一個人眞正性格和心理狀態的重要依據。

當話題進行至核心部分時，說話的速度、口氣，就是我們探知對方深層心理意識的關鍵。當然，說話的聲調也是不可忽視的要點。

巧妙地分析對方談話的口氣、速度、聲調，探究對方的內心正在想些什麼，這是增進人際關係的要點。

不同身份的人有不同語言。有的人說話粗俗下流，有人說話謙恭有禮、有條不紊，有的人說話內容豐富眞實，當然也有人一派胡言，或內容空洞、不知所云。總之，人說話的時候，就反映出他究竟擁有什麼內涵。

高貴優雅、氣度非凡的人說話溫和流暢，表示他們常用文雅的應酬用語。然而，這類人應分爲兩種，一種人是表裡如一，一種是口是心非。

後者很多是外表高尙而內心醜惡的人，他們不願被對方察覺自己極力掩飾著的目的，所以才使用文雅的口氣說話。

相反的，談吐粗俗的人顯得比較單純。這種類型的人，無論對上司或部下，對同性或異性，都不改其談吐方式，喜歡就喜歡到底，討厭也討厭到最底。

此外，在初次見面的情況下，這種人的好惡表現也相當明顯，不是表現得很不耐煩，就是親熱若多年摯友。

除此之外，說話說到傷心處就哭哭啼啼、一把鼻涕一把眼淚的人，依賴性非常強烈。這種人儘管平常表現得和藹可親，善於交際奉承，但實際上非常自私、任性，大多屬於不受歡迎的角色。

好掉淚的人有一個屢試不爽的看家本領，就是以半哭半泣聲調，打動別人的惻隱之心，以達到自己的目的。這種模式是一輩子都改不了的。

不聽對方說話，只顧自己滔滔不絕、口沫橫飛的人，則屬於強硬類型，這種人只要在說話的時候，別人肯「嗯、嗯」地靜靜聽他說，就可以得到好感。這種人的最大弱點就是自尊太強，經常喜歡搶先別人一步。

有的不善言辭，說起話來支支吾吾，這一類型的人有時是因爲缺乏表現力，無法巧妙地表達自己想要說的話，有時則適個性陰柔、思考深沉、度量狹窄。更有的是欠缺智慧，或者精神上有某種缺陷。

## 別讓「腳部姿勢」洩漏你的心事

在現實生活中，每一個人都有自己不同的走路姿態，從不同的姿態中表現出不同的性格特徵。

坐時將一隻腳的足踝疊放在另一隻腳的足踝上，兩者緊緊相扣，表示的是一個人正在壓制著負面的態度、情緒、緊張或恐懼。在面試時，大多數應徵者會出現這樣的姿態，表示他們在努力克制自己的情緒或心情。

一位律師說，在法庭上，他常看到聽證之前，與案子有關的人幾乎都是兩足踝緊緊扣地坐著，他也發現，那些人都在等著發言，或是在努力控制情緒。

空中小姐對於真正需要服務卻又羞於啓齒的旅客，似乎具有獨到的辨別能力。許多空中小姐說，她們能從旅客緊緊扣著的腳踝中看出他的緊張與不安。這個人或

許會在空姐端咖啡、茶或牛奶給客人時，把腳踝分開移向左邊。如果他的腳踝仍然緊緊交疊，她們多少會感覺這位沉默的客人其實可能需要服務，會立即問他：「你真的不需要嗎？」

在交談中，如果發現對方出現了扣著足踝的姿態時，可以經由遞茶、遞煙的方法，使對方解除心情緊張、壓抑的狀態。否則，難以實現預定的談話目的。

走路能夠走出一個人的性格來，這句話一點不假。

在現實生活中，每一個人都有自己不同的走路姿態，從不同的姿態中表現出不同的性格特徵。

一個人很快樂，他會走得比較輕快；一個人心事重重時，走起路來往往會顯示出沉思的姿態，比如頭部低垂，雙手緊握在背後，腳步很慢，甚至可能停下來撿起一張紙看看，然後再丟掉。

一個自滿或傲慢的人，他的步伐可能謹慎而遲緩，下巴抬起，手臂誇張地擺動，而腿是僵直的。一個端莊秀麗的女子，走起路來、匆匆忙忙，腳步重而且亂，可以斷定，這個姑娘一定是性格開朗、心直口快不留心眼的人。

曾經有研究者指出：「在一般情況下，要判斷對方思想的彈性如何，只要讓他在街上走走，就能瞭解了。」

這是因爲，走路最明顯的能反映出一個人的性格。

日不斜視地朝目的地前進的人，一般具有內向型的性格，關心自己重於關心周圍的一切，不注意目的地以外的事，受到先入爲主的思想約束，想法缺乏彈性。

溜達遊玩式的向目的地走的人，一般是外向型的人，他對於周圍所發生的訊息及任何事情，都能彈性地接受。

# 溫情攻勢最容易獲得同情

普通人往往不忍心看到有權有勢的頂尖人物表現出柔弱的一面。很多政客了解這一點，便使出種種手段，以博取群眾的感情。

日本有句俗語說：「即使是魔鬼，也會流淚」。這句話的意思是說，個性再倔強的人，也有脆弱的一面。

我們只要稍微留意一下，很容易在生活中發現有很多人，在別人的心目中是粗暴型的人物，常常為了一點芝麻小事而大發脾氣，與人爭執不休。可是說也奇怪，只要我們施展溫情攻勢，他們的蠻橫態度馬上就會軟化。

這是因為東方人天生就是一副軟心腸，總是不忍心拒人於千里之外，並且往往在溫情攻勢中，萌生惻隱之心。

許多政治人物深深懂得這層道理，經常在電視上表演「脆弱的一面」，動不動就掉眼淚，甚至痛哭流涕。不明就裡的人，看了他們的即興表演，還會以爲他們受了什麼天大的冤屈呢！

許多觀衆看到他們脆弱的表現，惻隱之心不禁油然而生，其實，這是他們早就安排好的「宣傳伎倆」。群衆很容易被這種態度弄糊塗，使得一般人對他們擅長謀略的印象轉變爲親切和善良。

普通人往往不忍心看到有權有勢的頂尖人物，表現出柔弱的一面。很多政客了解這一點，便使出種種手段，以博取群衆的同情，使群衆充分地發揮「母性的本能」，以達到自己的目的。

不只政客擅長這種「溫情攻勢」，就連一般吃軟飯的無賴漢也深諳其中道理，他們會隱藏起無賴的本性，而故意露出自己軟弱的一面，引誘女性萌發母性的本能，不由自主地爲他們賣命！

說也奇怪，這些常常故意表現得脆弱的人，就是有辦法讓別人爲他們效命！

# 不斷觸摸身體是說謊的證據

人類是脆弱而又自戀的動物，為了要隱藏自己的弱點不被別人視破，所以總是在下意識之中，以觸摸自己的身體做為掩飾。

美國前總統尼克森被迫下台之前，「水門事件」展開嚴厲調查，當時他在國會上接受審問，經常出現一種非常明顯的慣性動作——老是不斷地用手觸摸自己的臉頰及下巴。

捲入「洛克希德賄賂事件」，而被迫下台的前日本首相田中角榮，也有類似的舉動，當他小心翼翼地反駁別人的攻擊時，會頻頻拿手帕拭汗。

人在情緒激動的時候，全身都會冒汗，一般人會認爲流汗現象是生理上的因素，但是，心理學家卻指出，心理因素恐怕才是田中角榮身體不斷冒汗的重要關鍵。

類似這種不正常的流汗現象，以及用手托著下巴、撫摸下巴的動作，可以說完全是心理作用的表現，有人甚至認爲這是一種心理上的自瀆行爲。

人性是深奧難解的，儘管有的人平日表現出信心十足的模樣，喜歡誇口炫耀，但內心仍有脆弱的一面，而且時常在無意識中，以各種肢體動作將這些秘密表露無遺。

爲了掩飾自己的弱點，某些人在許多場合之中，會不由自主的觸摸身體的某一部份，心理學家將這種行爲稱之「自我親密性」，也就是一種壓抑心理所造成的自我安慰行爲。

有的人獨處時，經常兩手環抱雙膝，落寞地坐著，無疑的，這種姿態也意味著強烈的自我安慰。

人類是脆弱而又自戀的動物，爲了要隱藏自己的弱點不被別人視破，所以總是在下意識之中，以觸摸自己的身體做爲掩飾，所以，喜歡用手觸摸身體的人，內心一定隱藏著不爲人知或不願向人透露的秘密。

也有許多人在交談中或演說中，爲了儘量克制自己，強制自己不要去觸摸身體的任何部位，所以他們始終保持直立不動的姿勢，例如希特勒、墨索里尼等梟雄人物，就是如此。

不過，這種強制性的做法，也說明了他們刻意隱藏眞實想法的企圖和主宰別人的野心。

# 侵犯別人的「地盤」會引起反彈

我們平常在選擇位置時，最好識趣一點，不要隨便侵犯別人的地盤，以免受到激烈的反擊。

當我們身處於熱鬧的街道、百貨公司，或是坐在車內時，經常會不自覺地採取某些捍衛自己的姿態，亦即以身體爲中心劃出屬於自己的地盤，而且會有刻意加以維護的心理存在。一旦有人不經意或故意侵犯了自己的「地盤」，我們的心中就會產生不悅的感覺。

以自己身體爲中心的地盤，當然是眼前的部份較爲寬闊，背後部份較爲狹小。因此，人們對於來自前方的刺激，警戒、對抗的意識較爲強烈，而對於身旁和兩側的動靜，則較爲不敏感。關於這一點，我們只要觀察坐在PUB吧台前喝酒的人，通常對鄰座的人不加以理睬，就可得到證明。

基於這種心理因素，大多數候車室座椅的設計形式，一概都面向前方，儘量避免讓乘客面面相對，這道理就像是當一個人坐在公共汽車上，常常感覺和別人面對面坐著，實在是一件極爲彆扭的事情一樣。

平常上下班的時刻，由於乘客極多，一般人好不容易上了車，視線在迅速逡巡之下，只要一發現有個空位，馬上就會坐上去，不會在乎這個位置是好是壞。

除了這種特殊狀況之外，任何人上了車，都會選擇一個以自己身體區域爲中心，並且將視線最爲寬闊的一隅，視爲理想的座位坐下來。

如此經過選擇的座位，不管是角落或靠側邊的位子，都是爲了避免人們的注視，同時身體也能倚靠，藉以鬆弛精神。

很顯然的，這種意識完全是以自我爲中心而規劃「地盤」，使別人不至於侵犯自己。所以，我們平常在選擇位置時，最好識趣一點，不要隨便侵犯別人的地盤，以免受到激烈的反擊。

# 每個人的心裡都有「地盤」觀念

人類和其他動物不同之處，除了要維護自我的地盤以外，最大的特徵還可以利用一些小道具來顯示自己的心理狀態。

人們一心想要隱瞞的事情，有時卻會在無意識的行爲上表露出來。

如果，我們更進一步研究，或許就會發覺，其實就因爲人們心裡想說的話，通常無法直截了當地說出來，因此潛意識裡才藉著各種肢體動作來傳達。這正是我們必須研究肢體語言的原因。

比如在擁擠的公車內，一名男性正好面對面地與一名職業婦女挨著站在一起，如此親密的接觸，必然會讓這名男性心理產生遐想：「除了性行爲之外，還有什麼時候能和此刻一樣貼近這位女性呢？」

要是這位男性公然將心思流露出來的話，一定會被人斥爲色狼或變態，因此，他只好把視線轉向別的地方，或者不斷地望著車廂內的廣告，似乎要以這種姿態向那位女性表白：「我絕對不是個色狼或性變態！」

這就是一種以肢體語言，試圖撇清自己的腦內絕對沒有性幻想，也無意侵犯對方「地盤」的最好例子。

當人們彼此接近，而感覺對方存在的時候，或多或少會透過肢體傳遞某些訊息，傳遞訊息的對象，不一定得具有任何特殊關係。比如夫妻、師生或店員與顧客之間，甚至前面所提到的公車上碰巧相遇的男女乘客，互相都會產生這類肢體語言。

所以，只要感覺對方的存在，彼此就會開始傳達心理上的某些訊息，這些訊息有時是毫無意義，有時也可能是好感、厭惡、拒絕或尊敬……等等不同的念頭。

這些訊息透過肢體語言傳達出來，我們可以迅速研判出對方是友好或是懷著敵意。當然，具有高超觀察能力的人，在人際關係中相當有利。

不知你是否有過這樣的經驗，當咖啡店客滿的時候，不得不跟一對情侶共坐一張桌子時，如果細心觀察對方，你將會發現一些很有趣的情形。

這時，這對情侶會產生兩種念頭，一個是想維護自己小天地的自私念頭，另一個是必須接受第三者人侵這個小公共場合的無奈感。

爲了使這兩個念頭不相衝突，下意識中，他們將會產生如此的行爲：爲了讓對方知道他們是一對，所以坐在右側的男性，會將右腿架在左腿之上；相反的，坐在左側的女性，會將左腿架在右腿之上，兩人同時向內圍成一個小天地！

這種腰部以下的防衛行爲表示，他們拒絕第三者的打擾；但是腰部以上，他們卻不得不面對著第三者，表面上顯示願意接納對方，只有在他們互相交談的時候，才轉過頭去面對著面。此外，他們會將自己的杯子挪向自己這邊，很明白的表示出彼此互不侵犯的意思。

我們可以發現一點，就是每一個人在人際關係中，自身心理上的空間佔有很重要的意義！老實說，這種心理上的空間，就是人與動物都具有的「地盤」觀念。

人類和其他動物不同之處，除了要維護自我的地盤以外，最大的特徵還可以利用一些小道具來顯示自己的心理狀態，例如，我們剛剛所說的咖啡杯，就是這類的工具，其他如辦公室裡的隔牆、屏風，都是技巧地利用地盤意識製造出來的！

## 從說話態度推測一個人的性格

說話抑揚頓挫變化激烈的人，通常有卓越的說服力，給人善於言詞表達的感覺，但這也是自我表現慾望強烈的證據。

一個人說話的聲調和速度非常重要，可以從中觀察出他的心理狀況。要是對方說話的速度放慢，表示他對你有所不滿。相反的，說話速度加快，則是他在人前抱有自卑感或話中有詐的證據。

突然快速急辯也是同樣的心理。例如，罪犯在說謊時，根本聽不進旁人在說什麼，只會滔滔不絕地爲自己辯護。因爲，他們有不欲人知的秘密藏在心裡。

也有人說著說著，突然提高了音調叫道：「連這個都不懂！這個連小學生都會的你也不懂！」像這樣惡形惡狀的咆哮，是期望別人服從自己；相反的，假如音調突然變得低聲下氣的話，則是自卑感作祟，或膽怯、說謊的表現。

說話抑揚頓挫變化激烈的人，通常有卓越的說服力，給人善於言詞表達的感覺，但這也是自我表現慾望強烈的證據。

說話小聲、言詞閃爍的人具有共通的特點，如果不是對自己沒有自信，就是屬於女性性格，和低聲下氣的說話類型心理相似。

也有的人喜歡在一個話題繞個沒完、扯個不停，就算你想阻止他繼續說下去，明白地表示：「我已經了解你要說的意思了！」他卻絲毫沒有停下來的樣子。這種說話的方式，是害怕對方反駁的證據。

也有的人只會隨便附和幫腔，例如：「你說的沒錯！」「說得是！」……等等，這種人根本不理解別人在說些什麼，同時對談話的內容也一竅不通。

如果你在說話時，有人在一旁當應聲蟲，你必須明白這一點才行。要是你誤以爲對方了解你的談話，那你就變成丑角了。

每個人說話都有一定的特性和習慣，常用的詞語與字眼，往往反映出說話者的性格。在談話中常使用「我」的人，是自我表現慾相當強烈的人。

在對話中，大量摻雜外文的人，可能在知識方面相當廣泛，但也有可能是一知半解，只是藉此遮飾自己的才疏學淺。

也有人喜歡用「我認爲」、「我想」的口氣，這種人看似愼重，其實是膽怯的象徵。這種人個性陰晴不定，對別人的警戒、防衛心理也相當強烈。初見之下，似乎和藹可親，但是當你放心地與他親近時，他又會擺出一副冷若冰霜、瞧不起人的姿態，所以和這種人相處需要相當謹愼。

除此以外，一見到女人就刻意表現出溫柔親切的態度，或有意無意說出性方面用語的人也不少。

在女性面前，突然以謹愼恭敬的口氣說話的男人，都屬於雙重性格的人，這種人通常在職業上被壓抑，例如學者、醫生、律師、政客……等腦力勞動者居多。

至於說話中從不涉及性方面用語的人，並不表示他們特別純潔高尚，這種人往往是繃著面孔的假道學，與這種人交往，更應特別小心。

# 設法改變別人對你的印象

嚴格說來，我們對生活中所接觸到的每個人，都會存有一種想法，而這種看法一旦固定，便不易消除。

人的內心經常對別人下定位，例如，將某人視爲學術界第一把交椅、不入流的低級作家、三流的政治家、小本經營的生意人……等等。

此外，我們對四周的人也經常會有某種特定的印象，可能將他視爲誠實的人、喜歡撒謊的人，也可能將他看做細心體貼的紳士，或者居心叵測的小人。

嚴格說來，我們對生活中所接觸到的每個人，都會存有一種想法，而這種看法一旦固定，便不易消除。

美國前總統尼克森，在第二次競選總統時，曾經爲了民衆對他的印象而大感困擾。尼克森少年得志，年紀輕輕就受到艾森豪的器重，當了八年的副總統，博得無數的欽羨與讚美，在美國群衆的心目中，他是一個極富才幹，而又年輕有爲的政治家，一個少見的人才。

但是，一九六〇年，由於他與當時在政治界沒沒無聞的甘迺迪角逐總統，卻不幸以些微的差距敗陣下來，自此以後，人們對他的印象產生一百八十度的大轉變。「鬥敗的公雞」是大家對尼克森的觀感。或許受到這種印象的影響，後來連加州州長的競選，他也慘遭滑鐵盧。

在敗給甘迺迪後的第八年，他再度出馬角逐總統寶座時，第一件工作便是設法消除人們心目中「鬥敗公雞」的觀感。他所標榜的口號是「新尼克森」，就是要把尼克森再生的印象，透過各種宣傳深植於選民心中。

群衆心目中那個言詞莽撞、陰沉狡詐、不值得信賴的「舊尼克森」，在選戰策略專家重新塑造下，變爲言詞得體、鮮明開朗，並且充滿自信，值得大家信賴的嶄新印象。經過一番「洗心革面」後，尼克森果眞順利當選，成爲美國總統。

# 政治人物是江湖郎中的翻版

江湖郎中和政治人物都擅長「部分刺激法」，可以使對方的注意力集中在某一點上，而快速產生一種信任感。

大家一定在廟會或大拜拜時，必定都看過那些江湖郎中的賣藝把戲。

這些江湖郎中在賣藝表演之前，多半會先來一段開場白。這一類的開場白十分有趣，有位心理學家經過調查，並收集了不少資料，發現這些江湖術士的宣傳口號，大都具有一定的原則，並且有著源遠流長的歷史！

這些跑江湖賣藝的郎中，大多數是叫賣成本極爲低廉的劣質藥品，各有一套唬人騙人的說詞，而且有趣的是，這些廣告詞還非得用「喊」的不可，若是印成傳單，根本起不了作用。

舉例而言，一個高明的江湖郎中，如果他賣的是膏藥，他一定不會說：「本膏藥可治好任何疑難雜症！」因爲，這種「萬靈丹」式的廣告詞已經不流行了。

他們會說的是諸如此類的宣傳語：「本藥膏專治跌打損傷，一貼見效！可是，你若是患了重感冒，還是趕緊去看醫生，本藥膏不治感冒！」

群眾聽到這種說法，多半會留下深刻的印象。

心理學上稱這種方法爲「部分刺激法」，它可使對方的注意力集中在某一點上，而快速產生一種信任感。

如果經常在電視機前觀賞政治人物的表演，我們就會發現，他們的姿態，幾乎是江湖賣藝者的翻版。

當我們了解這一點，以後就不難在政見發表會上看出那些候選人，正淋漓盡致地使用「部份刺激法」說服選民。

# 妥善發揮印象的力量

印象的力量的確非常可怕，要斷言一個人時，最好先用心觀察，對方所給予的印象究竟是實相還是虛相，如此才能正確的認識一個人。

你所遭遇的人，可能比你想像中優秀，也可能比想像中差勁，沒實際求證過，單憑第一印象加以判斷是相當危險的，經常會被表象欺騙。

許多人都說「印象」不可靠，因此並不重要。

在某種意義上，的確是如此。因爲，通常「印象」可以蓄意製造，或是表演出來。尤其是演藝人員中所謂的「清純玉女明星」、政治上所謂的「清廉代議士」等，這種印象經常令人十分懷疑，通常它是掩蓋實際情況的一種虛假形象。

但是，並非所有「印象」都是這樣，以美國前總統尼克森爲例，雖然他給人的印象與現實不符，可是此種印象卻會訝異地有時能創造出奇蹟。

例如，一個看起來一點也不像校長的人，有一天突然被任命爲校長，雖然大家有點不敢相信，但是最後卻發現，這位校長正逐漸地將自己塑造成一般人心目中所認爲的校長模樣。

這一點，與其說是他發揮出自己的才華，倒不如說「校長」這個職位的印象，影響周遭的人，使大家自然而然視他爲校長，而他本身也按照校長的刻板印象採取行動，並想像校長的當然作爲。

這麼一來，他便會產生出與以前未當校長時迥然不同的人格，也就是說，這是由於刻板印象的作用，創造出了另一個人。

印象的力量的確非常可怕，因此當我們要斷言一個人時，最好先用心觀察，對方所給予的印象究竟是實相還是虛相，如此才能正確的認識一個人。

09

# 表現弱勢是為了製造優勢

使對方覺得你很渺小，
是引誘對方講話的最佳辦法。
因為當對方向下注視時，
心理上很自然地便會產生一種優越感。

# 當心別人向自己推銷錯誤的訊息

具有自我中心性格的人，為抬高自己的重要性，經常會以消息靈通人士自居，到處吹噓，謠言形成的主因便來自於此。

我們通常知道流言不可輕信，可是在情況急迫時，我們卻容易盲目地相信口耳相傳的流言。因爲，人一旦遭遇意外狀況，或在危險的處境時，經常會爲了克服混亂，而不擇手段地想得到消息。

但是，必須說明一點，有些放出流言者並無意騙人。事實上，他本人也希望此消息是眞實的，因此能夠在聽者心中產生相當的效果。

尤其是傳話的人，爲使自己所說的內容逼眞，具說服力，所以會加強某一部分；不是過分誇張，就是過分壓抑，或者依自己的判斷牽強附會，在有意無意的情況下歪曲事實。

不過，我們由對方的言談中，很難察覺到這種現象，因爲大部分的人，聽到自己期盼的消息時，往往會立刻相信。

因此，爲了避免此種狀況發生，我們除努力提高自己的判斷力與批判力外，實在沒有更好的法子。

每當公司發生人事變動之時，一定會出現許多好事之徒，把從某處獲得的馬路新聞，加上自己的主觀臆測，然後再到處宣揚，以權威人士的姿態說出人事變動的秘密。

在這些人心中，總是非常驕傲地認爲，自己得到的消息絕對領先他人許多，而且，當他無法因此成爲同伴的中心，就會覺得不安與惶恐。

具有這種自我中心性格的人，爲抬高自己的重要性，經常會以消息靈通人士自居，到處吹噓，謠言形成的主因便來自於此。

依美國深層心理學家黎希德的研究顯示，每四個人中就有一個人是利用這種方式做自我推銷，這些人心中的企圖不外乎：

1.希望引起他人的注意。

2.表示自己的慧眼。

3.嘗試當領導者的滋味。

4.欲誇耀自己的消息靈通。

5.炫耀自己的地位，就像有能力購買某種價格昂貴的商品，再藉此向他人誇示自己的地位與經濟能力。

6.炫耀自己的說服力。

7.證實自己的判斷無誤。換言之，如果深信自己言論的人愈來愈多，他就愈認為自己所言真確。

8.強調自己的優越性。

比如在介紹一件商品時，某些人時常會把含有「這種商品不但品質好，性能佳，不買的人實在是呆子」此類言詞，強迫輸入對方思想，勉強對方接受。嚴格說來，這種行爲根本就是利用言詞的力量，試圖使對方屈服。

要是對方不順從，他更會因爲聽到對方回答：「不！我喜歡那邊的商品，你介紹的這種我不喜歡！」而認爲這是對他的一種莫大侮辱。

他們對所有不順應自己意志的人，都會產生強烈的敵意。所以不論是再親密、再要好的鄰居或朋友，只要與自己的意志稍有不合時，他們馬上就會翻臉，將對方認定成自己口中所謂的懶惰、頑固的呆子。而他們心中原來所具有的友好之心，立即會化爲滿腔的憤怒與怨恨。

這種口頭傳述型的人，對他人之所以產生毫不寬容的念頭，完全是因爲自我中心意識在作祟。

當然，誠心幫助他人，心中充滿善意，以自然不矯情來宣傳自己理念的人，仍屢見不鮮。

這種希望把自己獲得的滿足與方便，與他人分享的人，可稱爲「眞誠型口頭傳述者」。

這些人每當使用到好的新產品時，便四處宣傳勸導他人試用。然而當他們告訴鄰居朋友們：「你可以試著使用這種商品，它的性能不錯！」時，絕不是因爲該物品的暢銷與否，對自己有什麼好處，而是在利用這種商品向對方表示自己的友情與善意。

所以，縱然對方拒絕自己的建議，也不會感到羞辱、憤怒，而且如果對方所言合乎情理，他也能心平氣和的接受，不會固執地堅持己見。根據黎希德的調查，每五人中就有一人屬於這種類型。

# 改變印象就能改變形象

印象，能以人為的力量加以轉變，因此，我們不必認為自己擁有不利的形象而感到心灰意冷。

我們在潛意識中，幾乎都會用自己的喜惡標準來衡量別人的聲音、容貌、講話的方式、態度、動作、服裝……等。也就是說，這些外在條件都是我們評價他人「印象分數」的重要因素。

事實上，我們在評定一個人時，通常只是根據對方外表所產生的印象而定，極少注意到這個人的能力與性格。

所謂「第一個印象最重要」這句話，就是由前述原因而來的。可是，這裡有幾個問題必須討論。

第一，大家應該瞭解「印象因素」因人而異。

以容貌來說，所謂的「美人」是否一定能給人留下良好的印象呢？

其實，並不一定，因爲態度傲慢的美人同樣會遭人排斥。而且，美人的定義也是因人而異，某些人認爲眼睛晶瑩透澈就是美人，有些人卻認爲瓜子臉才算得上是美人。

因此，美不美實在很難訂定一個絕對的標準，每個人所持有的印象評比，是否能夠獲得對方贊同，在於是否有相同的標準。

其次，各種「印象因素」會互相產生關聯。舉例而言，當我們遇到一位出身名門且相貌堂堂的人時，心中總會認爲他的言行舉止必然莊重、高尚，可是一旦發現他說話時大呼小叫，像個沒教養的鄉巴佬時，我們究竟又該如何加以評價呢？

這種情形的發生，是由於我們心中已經有了先入爲主的觀念，即認定「具有這種容貌的人，應該會用某種聲音或態度講話」，如果事實符合想像的話，當然不成問題，但如果遇到與印象不符時，我們便會因爲突然喪失評價標準，而產生判斷上的困擾。

在各種印象因素中，以哪種因素所佔的分量最重？

答案是特徵，舉例來說，當我們看完一部電視劇後，經過一段時日，再來回憶劇中人物的特徵時，常常會難以想起，腦海中僅留有「帶著眼鏡的人」，或「講話速度快的人」……等特殊的印象。

這種現象與個人的記憶力、注意力有關，因爲當我們對某人產生某種特定印象時，必然有個構成印象核心的「特定要素」，它支配了其他的印象要素，強烈地影響我們的記憶。

知道這一點，我們才能明白，何以經過一段時日後，對某些人物的容貌舉止已毫無印象，但卻對他的某個特徵仍留有深刻的記憶。

當然，「特定要素」的內容因人有別，倘若「容貌」爲A先生建立的特定要素，那麼對於容貌的好惡，就成爲A先生評價其他人物的標準。

倘若「態度」爲B先生的特定要素，那麼B先生也會以他對別人態度的好惡，做爲判別標準。

所以，我們無法絕對的指出，哪種要素對製造印象最具效果，而且，每一個人原本所具有的印象因素，也能以人爲的力量加以轉變。

就像在服裝方面，只需更換造型即可，至於容貌方面，目前也有各種美容方法來解決，因此，我們不必認爲自己擁有不利的形象而感到心灰意冷，每個人都可以透過努力改變自己，而改變別人對自己的印象。

# 表現弱勢是為了製造優勢

使對方覺得你很渺小，是引誘對方講話的最佳辦法。因為當對方向下注視時，心理上很自然地便會產生一種優越感。

察言觀色雖然有點勢利現實，但卻是這個不懂得人情世故就會吃悶虧的人性叢林中，必須具備的人際應變智慧，如果你不懂得正確解讀對方，那就很難讓自己在人性戰場全身而退。

擅長推銷或說服人的人，通常都會適時運用「弱勢的誘導技術」，也就是說，他們之所以表現弱勢，其實是爲了替自己製造優勢。

大家或許會發現到一個現象，電視節目主持人的身材都不是很高大，尤其是談話性節目。

主持談話性節目的工作性質，主要是在引導話題，使節目順利進行而不致於冷場。經常參加電視節目錄影的人，應該非常清楚無法引導話題的節目主持人的為難之處。

遇到參加節目的來賓不善言詞時，往往會造成非常困窘的場面。此時，如果是一位優秀的節目主持人，他就會及時運用自己的機智，順利化解尷尬場面。

據一位心理學家的觀察，看起來比較弱小的節目主持人，大多比較機智。他們是用什麼方法呢？

一言以蔽之，這些身材嬌小的節目主持人，常常會努力讓對方將自己弱小的身軀看得更弱小，清楚表現出希望能與對方進行交談的念頭。

這種現象只有在錄影現場才能看得到，在家中透過電視螢光幕觀賞時，恐怕不容易發現。

上述現象主要在說明，使對方覺得自己渺小，是引誘對方講話的最佳辦法。這是為什麼呢？

理由非常簡單，因爲當對方向下注視著節目主持人時，心理上很自然地便會產生一種優越感。

日本心理學家多湖輝便有一次類似經驗。有天，一個陌生人忽然來到研究室訪問，雖然並未事先約定，可是因爲多湖輝正巧在研究室，所以也無法拒絕，只好請他入內。

這個人進入房間後，有趣的是，他馬上坐在多湖輝示意的客人用椅上，而且只坐在椅子前半部。

出於來者是位不速之客，所以讓多湖輝非常小心疑惑，很想知道他的來意，卻又難以啓口。

正當多湖輝猶豫不決時，他突然以坐姿，仰視著多湖輝說道：「先生，您有沒有孩子？」

「有啊！」多湖輝依然站著。

「您曾經讓您的孩子看過這種書嗎？」他說著說著，便拿出一套關於心靈教育的勵志書籍。

如此三言兩語之後，多湖輝就敗在這位銷售心靈教育書籍的推銷員手下，以昂貴的價格買下這套書。

把自己裝得比原來的自己更弱小的技巧，實在很有效果。因爲，就在多湖輝送他出門之時，才發現這個推銷員其實跟自己一般高，不禁佩服他推銷說服的技術。

事實上，人在有求於人，或是別有所圖之時，也會表現出弱勢的模樣，或者戴上卑微的假面具，藉以發動溫情攻勢。遇到這種狀況，就必須更加小心地提防。

# 要融入團體，先學會說暗語

當你打算加入某一階層時，或想要了解某種職業時，最好也能精通他們的職業用語、習慣用語或者暗號。

許多人都喜歡使用一些暗語。依使用者來看，暗語大致可分爲兩種，一種使用於普通人際的同伴、同學或年輕人之間，另一種則是在黑道等反社會性的犯罪集團中使用。

不管是哪種類型，故意使用暗語的心理，總不外乎優越意識在作祟。說得更清楚一點，這種心理乃是「別人不能做的事我能做」、「比較性優越感」所產生的。

舉個最明顯的例子，年輕人對長輩多少都會有一些反抗念頭，但如果毫不掩飾地將這種反抗的心理表露出來，往往會引起不必要的衝突。

所以，他們便製造出一些唯有在同伴間方能通用的暗語，建立一個大人無法滲透的禁區。當他們看到長輩們因不瞭解這些暗語意義，而感到迷惑時，便會覺得痛快極了。特別是長輩們向他們詢問這些暗語的意義時，更會給他們帶來難以言喻的優越感。

假若再加上黑社會的黑話於其中，讓對方覺得他似乎與這些集團有所來往，因而更增加對方的恐懼感。

若對方眞的因此提高警覺，改變態度，並對他採取敬而遠之的態度，那不是正合他的意思嗎？如此一來，就等於在自己身上加上一層恐怖的僞裝，具備讓他人產生畏懼的威力。

此外，流氓與不良少年大都會藉著使用暗語，沖淡他人對自己反社會行爲的警覺。如果流氓、古惑仔在談話中參雜著暗語，即使他們是在商量壞事，但由於暗語關係，外人根本無法了解他們的談話內容，自然無法提防，這就是暗語的掩護作用。

另外，也有不少人利用暗語製造藩籬，排斥一切自己不認同的人，而構築出一個完全隔絕的世界。

對這些人來說，這種自我世界的產生，是一件令他們喜悅的事情。但由於他們的行爲無法受到社會一般人的理解與接受，加上他們本身也無法適應社會，因此對整個社會來說，他們是一群不合群的異類。

所以，他們也只有生活在「使用暗語的世界」中，才能夠滿足自己生活的意義和需求，暗語因而具有心理，甚至生理方面的補償作用。

暗語所具有的另一個心理功效是，它能夠加強使用暗語的同伴之間的親密感。舉例來說，雖然許多人已經從小學畢業十幾二十年了，可是在同學會中，遇到過去的老同學時，仍能夠很快的沉浸於往日那種和諧親密的氣氛中。這正是因爲他們還記得當年同學間使用的「暗語」，或者老師們的綽號，而使時空的距離迅速消失、縮短。

由上述的種種情形，我們還可以得到一項推論，那就是，暗語等於是進入某一特定集團的通行證。

除此之外，我們可以將「暗語」二字的範圍擴大，將階層語言與職業用語都包括在內。當你打算加入某一階層時，或想要了解某種職業之時，最好也能精通他們的職業用語、習慣用語或者暗號；如果能夠通曉這些術語或暗語時，很快便可融入其中。

可是，有一點，大家必須特別小心，使用暗語必須適當，不可以太過頭。例如，我們發現某人在談話中使用過多的暗語時，通常可以據此確認這個人是該行業的新手。

這是因爲他們希望人家不要認出自己是個新進，所以努力想把自己所知道的一切暗語全都使用出來，企圖藉此瞞過別人耳目，他們本身可能也爲自己的善於用詞而欣喜若狂呢！但事實上，得到的卻是反效果。

# 穿著華麗，多半戴著假面具

男性時裝專家的評價，具有十分深刻的心理意義：從心理學角度來看，過分考究穿著的人多半戴著假面具。

法國文豪巴爾札克曾說：「人總是喜歡在別人面前炫燿自己，自己原本一無所有，卻要處處裝出什麼都有的樣子。」

單憑身分、地位或外貌就輕信別人，可說是人性的重大弱點之一，很多時候，造成我們判斷錯誤或遭遇欺騙的，並不是別人刻意僞裝，而是我們不具備基本的讀人概念。

目前，時裝界已經不再是女性獨霸的天下，男性時裝的設計在現今漸漸受到歡迎。由於社會競爭越來越激烈，男性時裝界為鞏固自己的地位，還成立一個類似協會的組織。

有一次世界各地的協會在召開國際性聯合大會時，時裝專家們提出一段非常有趣的言論。

這段言論的主旨是在討論最佳服裝獎的標準，結論是：過分講究打扮或穿著毫無變化者，都不能算是會穿著的人。

許多以講究穿著、注意服飾而出名的人，每次對於隔天所要穿的衣服，往往會花一個小時以上的時間來做準備、考慮。

他們的頭髮永遠都是梳得服服貼貼，並抹上適量的髮雕。西裝上衣的前胸，總是插著與領帶成套的手帕，皮鞋與西裝的搭配也十分考究。

但他們的服飾由男性時裝專家來評判時，成績都是不及格。

如果套個最近流行的黑色幽默來看，或許還會有人建議，可以頒給他們最差服裝獎。

總而言之，過分注重穿著的人，實在讓人不敢恭維。我們經常可以聽到有人批評他人：「那個人確實是不錯，可是他對於穿著太過講究，和他在一起，眞是令人無法忍受。」

這些判斷與男性時裝專家的評價，都具有十分深刻的心理涵義。我們可以先將結論提出來，那就是：過分考究穿著的人，依照心理學的角度來看，這種人多半戴著假面具。

假面具在拉丁語中爲*persona*，這個字不禁使我們立刻聯想起英文中的personality（人格），personality的語源是出*persona*（假面具）演化而來，所以人格往往都戴著假面具。

從這一層意義上來看，電視、電影甚至日常生活中所出現的騙子，服裝大都非常講究，或許就是出於這個原因吧！

# 從購物態度可以了解做人態度

盲目認為高價位商品就是好東西，並且把這種想法付諸行動的男性，正表示他對「現實」的判斷力不夠。

許多男性都認爲女性喜歡昂貴的禮物，因此在選購禮物時常常認爲價格就是價值的符號，而選擇最昂貴的物品。其實，這正是不理解女性眞實想法的錯誤做法。

幾年前，有位心理學家曾以二十一至二十九歲的職業女性爲對象，做了一項問卷調查，在問卷中有這樣的問題：

「如果妳的異性朋友送妳一份禮物，在他心目中認為，價值越高的禮物越能夠博取妳的歡心，所以贈送的禮物相當昂貴；妳會與這樣的男性做更進一步的交往嗎？」

或許，你會認爲答「是」的比率應該很高，但出乎意料的，接受調查的人，大約有百分之八十的人回答是否定的。

此外，問卷內容還有一個問題是：

「妳的男友在購物時，對相似的物品，只選擇價格較高的那一種；妳會選擇這樣的男性，做為妳的終身伴侶嗎？」

這個問題的答案中，大約有百分之七十的人選擇否定的答案。

起初，這位心理學家對這項調查的結果感到非常疑惑，因爲現代的女性，哪個不喜歡出手闊氣的人呢？而且，對一般人來說，價格越高的東西代表品質越好，這種想法應該是非常自然的。可是，由調查結果看來，她們的想法似乎並非如此。

於是，他便訪問若干接受調查的女性，彙總之後，發現她們對這些浮華奢侈的男性，大都抱著懷疑的態度，所以對具有這種傾向的男性，當然就採取敬而遠之的態度了。

這個例子說明了，年輕的女性較男性對現實更具有判斷力。

盲目地認爲高價位商品就是好東西，不去考慮別的因素，並且把這種想法付諸行動的男性，正表示他對「現實」的判斷力不夠。

因此，在這一方面，相對於男性，女性的判斷更感到信賴。

而且，從觀察一個人購物的態度，及對物質的評價，很容易便可以清楚他的想法及做人的態度。

## 直接接觸是最有效的說服

電話與書信只能傳達訊息，不能掌握對方的心理，直接接觸的交際，雖然比較費功夫、花時間，但是卻能獲得更大的功效。

在歐美各國中，握手是一種極爲普遍的習慣，可是在東方，握手這動作至今仍然會使某些人感到彆扭、不自在；許多人都認爲即使不握手，彼此之間也應該能夠溝通。

可是，對生意人與政治家來說，他們可較相信，如果互相不握手，便很難進行直接接觸，建立與對方之間的信任感，雖然在政商之中，到處都存在著「不信任的關係」。

一般來說，不習慣與人握手的人，如果遇到對方要求握手時，雖然心中會略有不自在之感，但是有時候藉由握手，也不由得會產生彷彿與對方具有某種連帶關係的感覺。

這就是肌膚接觸所產生的效果。據說，美國前總統雷根最擅長的一項說服技巧，就是在談話中，不停觸摸對方的膝蓋或拍拍對方的肩膀，同時配合運用說詞來說服對方。

這也許是身為政治界的領導人物，為維持派系間勢力的均衡發展，必須具備的說服技巧。

除此之外，在競選期間，也時常會出現到處與選民握手的候選人。他們常常站在車站或公園前，與路過的行人一一握手，表示友善與親切。

雖然這麼一來，握手成為他們相當沉重的負擔，不過此舉卻給予選民相當良好的感受。因為，在手與手的接觸中，往往會使對方產生心靈契合與溝通的感覺，甚至為此而改變觀感的也大有人在。

這種接觸所留下的印象，極不易被人忘懷，通常會持續到投票當天，因此採取握手戰略的候選人，得票的比率自然會有一定程度的提高，這就是肌膚接觸所具有的力量。

根據調查訪問，可以證實這種說法的正確性。例如，探詢從事競選活動時，使用的宣傳手段中，那一種最有效果呢？

大多數人都認爲，能夠和候選人直接接觸的演講會，比張貼海報、刊登廣告或利用電視發表政見等利用大衆傳播工具的宣傳方式，更平易近人，也就是說，直接接觸的程度越低，效果就越差。

電話拜票或問候書信與選舉傳單，表面看來，似乎能夠產生「直接的接觸」，事實上，卻完全不是這麼一回事。

因爲並非由候選人親自打電話，而是助選人員或行銷公司像做生意般地向選民問候，所以往往令人產生公式化的印象，毫無親切感。

至於宣傳單，也並非以個人爲對象，它不過是候選人對多數群衆形式上的推銷，因此，選民很難感受到候選人心中的熱忱。

這就像我們打電話時往往會說：「眞不好意思，打擾你……」，其實，對方心中很清楚我們並不是眞的不好意思。

因此，若是遇到必須說服對方的事情時，最好能夠約定時間，親自與對方碰面，進行直接接觸。

因爲電話與書信只能傳達訊息，不能掌握對方的心理，直接接觸的交際，雖然比較費功夫、花時間，但是卻能獲得更大的功效。

# 相貌堂堂的人，不一定是好人

外表看起來老實，並不足以證明一個人的內心善良，睜大眼睛多加觀察，免得受騙上當，後悔莫及。

只要懂得對一個人進行科學性的分析，就可以大致解讀一個人潛在的性格密碼。與人交談或交涉之時，必須從對方的言行研判他的性格特徵，採用最恰當的應對方式，才能事半功倍。

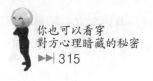

「你是否喜歡某某歌星或某某政治人物？」

這個問題所出現的答案呈兩極化的情況可能不少，因爲對於這類人物的評價，大家必然有不同的看法。

演藝人員和政治人物有極爲類似之處，那就是他們在舞台上所展現的態度和風格，往往使人覺得他們很偉大，這種偉大或許就是心理學中所謂「主觀性的大」。

「看起來之所以變偉大，就是因爲其中滲入某些因素。」若想探尋究竟加入些什麼在裡，必須考慮各方面的條件。

這種使人誤認而表現出來較實際高大、成熟的原因，可說非常複雜，而有時當事者對這種因素也會有所自覺，並善加利用。例如，假藉宗教斂財、詐騙的神棍，便是很明顯的例子。

他們通常並不是身材高大，或看起來多麼具有威望的人，可是初次見面，卻會令人覺得他的體形高大，身上彷彿充滿著某種神奇的光芒。

社會學稱這種現象爲「卡里斯馬」，正因爲他們懂得誇飾自己，看起來往往看起來會比實際上來得高大。

納粹黨領袖希特勒，在全盛時期時也是如此。眞正的希特勒是一個身材矮小的男子，而且是一個對自己矮小身材十分在意的人，然而許多傳說，都將希特勒形容爲一個具有魄力、身材魁梧的亂世梟雄。

某位職業婦女在個很偶然的機會中，與一名男性邂逅。當時，他正倚靠在酒吧的櫃台邊，高大英俊，聲音極富磁性，全身洋溢著男性魅力，她很快就被他吸引，掉入愛的漩渦。

經過一段時日來往後，她終於決定與他成親，於是將他帶回家，介紹給雙親認識，家人對這門親事也都非常滿意，一致贊同。

可是自從結婚以後，他的態度開始逐漸轉變。起初，他時常提到錢的問題，後來變本加厲，經常要求女方拿出大筆金額的錢。

這位女士感到十分納悶，於是一面婉轉拒絕他的要求，一面商請徵信社調查對方的底細，結果發現這名男子是個前科累累的詐欺犯。

外表看起來老實，並不足以證明一個人的內心善良，但是直到目前爲止，我們也無法肯定每個儀表堂堂、風度翩翩的人一定是壞人，因此，遇到這種人的時候，最好睜大眼睛多加觀察，免得受騙上當，後悔莫及。

# 心理測驗可以摸清對方底細

對方些微的反應、細小的動作或者是無意中的用語，常被用來當做「研判」其心思的材料。

電視節目中，時常可看到類似性格實驗，或性向測驗的遊戲穿插其中。

例如，主持人會將數種不同的圖片排在一起，然後詢問來賓：「你比較喜歡哪一幅？」

或者，主持人展示某種情境的圖片，問來賓說：「如果你遇到這種情況時，會採取什麼舉動？」

也許有人認爲這種測驗只是一種遊戲，一種類似占卜的方式而已，但是，事實卻非如此，它是心理檢核方式中所謂的投影測驗。

投影測驗的辦法，是將一幅意義不明的圖畫，甚至是一張沒有固定形狀的圖形，交給參加測驗的人，讓他們仔細觀察後，再視他們的解釋與反應，分析該當事人的性格。

比如，有一幅兩名男子相對站立的圖片，參加測試的人在仔細看過後，認爲是兩個人正在吵架，表示他們具有攻擊性格；如果判斷兩人之間是友善的關係，則表示他們具有獨佔朋友與愛情的想法；如果解釋的內容偏向大膽臆測，誇張得像小說情節一般，則表示這樣的人具有逃避的傾向等等。由上述分析，即可瞭解受試者的心理狀況。

另外，經常使用「好厲害」或者是「眞妙」、「眞棒」等過分誇大形容詞的人，大都是具有歇斯底里的性格；講話時，言詞不通順，意義含糊不清的人，必然具有強烈的不安感。

其實，我們在日常生活中，也時常會無意識地以類似心理測驗的方式來判斷四周的人。

尤其是對初次見面的人，或者遇到不太熟悉的朋友時，經常會把對方的肢體反應、細微的動作，或是無意中說出的用語……當做「研判」對方內在心思或個性的材料。

商人爲了生意與陌生客戶初次約談，由於彼此素未謀面，見面時，彼此的外在往往會蒙著禮儀與體面的薄紗，不易流露出本性來。

所以，如果對方西裝革履，心中就會認爲此人「很講究氣派」，如果對方無意間眨眨眼睛，就會以他「不夠穩重」而下斷語。

但是，經過一段時間交談之後，由於心理測驗的材料逐漸增加，因而對對方產生某種特定的印象。例如，穿著最新款式的西裝、喝咖啡時故意裝得很有派頭、言詞中不時夾雜一些外語……這種人我們只須略做觀察，便能夠輕易地掌握他的實際面貌。

雖然人們對於衣著的選擇、遣詞用語，以及小動作等特徵的表現，往往依時地而有差別，但是，如果用心將之歸納爲幾種特徵，還是能夠幫人產生一個完整的印象，這也就是所謂的人格觀念。

我們之所以會觀察人，就是因爲想要瞭解對方。

做人的態度，會因時因地而不同，在某種程度之內，自己也可以加以控制；我們平常與人來往時，主要觀察到的便是這個部分。

這種外表態度，當然與內在氣質或性格具有相當的關係，除非是雙重人格，否則大體上是頗爲吻合的。

只要細心觀察一個人對一件小事所採取的態度、所產生的反應，就能與心理測驗一樣，可以由極小部分洞悉他的全體，或者了解他潛藏於心靈深處的本意。

如果能夠體會這一點，而靈活的應用於社會生活中，便可由小小的特徵，洞知對方的全部。

10

# 賣力，有時只是為了掩飾心虛

人是最會故作姿態的動物，發現某個人工作相當賣力，
但是卻毫無效率，你就必須深入了解，
他的賣力是否只是為了掩飾心虛的演技。

# 否定的話語暗藏複雜的秘密

人們在說謊或隱瞞事實時，心理就會有所防衛，由於擔心自己的心防被突破，因此言語自然都很簡短。

當一個人遭到質疑之時，嘴裡不斷重複說著簡短的否定句，正代表著他的心中暗藏著許多不可告人的秘密。

有些人非常善於遮飾隱瞞，但我們仍然可以根據心理學，尤其是肢體語言，發現他們心中潛藏的秘密。

人們在說謊或隱瞞事實時，心理就會不自覺地進行防衛，由於擔心自己的心防被突破，因此，脫口而出的言語自然都很簡短，例如：「我不知道這件事情！」「我早已忘記了！」「我完全沒有印象！」「根本沒這回事！」等等。

總之，當他們要否定某件事時，回答總是簡短而有力，這是說謊的人共同的心理特徵，不必要的話一句也不說。

那麼，這些簡短的答話，含義究竟爲何？其實，這是一種模糊焦點的心理戰的問題，因爲，連續而又短促的回答，會加深發問者的好奇、不安與焦慮，無形之中只顧著發問，而忘了自己的目的所在。

但是，只要冷靜地觀察他們說話的語氣和態度，簡短的否定句頗耐人尋味，很顯然的，他們的表情說明了他們急於隱瞞某些事實。

有的人說謊時，會習慣性的搔頭，特別是耳朵上方的部位；或是將手帕、紙巾拿在手上把玩，有的人則會不由自主的牽動嘴角。

這一類不經意的動作和表情，以及撫摸身邊物品的現象，雖然往往只是瞬間的表現，但卻是一個人急欲隱瞞事實，在交談中表露於外的「肉體證據」。

一般而言，人試圖掩飾眞象的時候，雖然答話很短促，但是說話之時的表情及動作卻有著微妙的變化，此刻，會有一種無法用言語傳達的想法，隨著肢體動作流露，在在向身邊的人表達：「我正在說謊！」

# 形勢會影響一個人的態度

如果能技巧地分辨各種人際關係不容逾越的範疇，就不至於做出冒犯別人的事情來！也不會因而錯過了應該把握而並未把握的機會！

當我們與一個地位高出自己許多的人交談時，直覺上，我們會認爲對方是個偉大的人。但是，地位並不是絕對的，而是相對的，會隨著形勢改變改變。

比如，私下感情密切的朋友或兄弟，由於場合的差異，彼此的地位也會出現距離。此外，有些人平時看起來懦弱無能、萎靡不振，有時卻會由於場合的不同，而會搖身一變，顯得威風凜凜、高高在上。

其實，人本身並沒有變，變的是場合與環境。

一般而言，地位低的人，通常難以接近地位高的人。例如，公司裡的基層職員，不能任意出入總經理室，但是，課長與課員之間，就沒有太大的距離。

因此，當我們有機會和地位高的人會面的時候，必須留意自己的態度，不要逾越應有的分際，否則，就算當時對方並未有不悅的神情，但是未來你可能會在某個時間點遭受到他的反擊，這一點是我們必須特別留意的事情！

地位懸殊的兩人雖然彼此私下常常親密地相處，但場所一旦不同，尤其是遇到正式的場合，可能彼此想交談都有困難了。

由於場合的變化，有的人變得很容易親近，有的人卻會顯得道貌岸然，一副不可一世的樣子。這種變化，並不表示個性上出現轉變，而是因爲環境的差別所致。或許我們可以說形勢決定一個人的態度，每一場合都有其特殊氣氛，一走進那種場合，人們自然就會表現出符合該場合的特有態度。

正因爲人與人之間的關係，常常因場所的改變而改變，又由於每個人所接觸的場合有所不同，因此社會上才有各式各樣的人際關係存在。如果能技巧地分辨各種人際關係不容逾越的範疇，就不至於做出冒犯別人、愧對別人或擾亂人際關係的事情來！也不會因而錯過了應該把握而並未把握的機會！

# 賣力，有時只是為了掩飾心虛

人是最會故作姿態的動物，發現某個人工作相當賣力，但是卻毫無效率，你就必須深入了解，他的賣力是否只是為了掩飾心虛的演技。

當某個人氣喘吁吁地向你跑過來時，你一定會以爲發生了什麼麻煩吧！其實並不盡然是如此，有時這只是掩飾自己的姿態罷了。

A先生是一名業務員，最近的業績相當糟糕，但是，最近四、五天以來，他總是在下班之前，喘著大氣跑回公司。

一回來，就裝著非常忙碌地整理桌上文件，然後又唉聲歎氣，一副相當懊惱的樣子，讓人以爲他拚命地跑業績，運氣卻一直很差。

「A先生，你今天的情況如何呀？XX公司你拜訪過沒有？他們有意再下訂單嗎？」課長看著一整天似乎馬不停蹄的A先生，如此問著。

「沒有，課長！他們的存貨還不少，所以一直不肯再下訂單！」

說著說著，他又唉聲歎氣起來，好像自己相當賣力，已經費了九牛二虎的力氣，但對方卻一直毫無反應！

可是，課長察言觀色後，卻不免產生懷疑。因爲按照常理，工作如果進行不順利，不可能像A先生那麼生氣勃勃的回來，應該是意氣闌珊，垂頭喪氣地拖著腳步才對！因此，課長懷疑A先生根本就是在演戲。

第二天早上，課長禮貌性地打電話給對方的採購部經理，故意說：「昨天我們公司裡的A先生曾去拜訪貴公司，他是否遺忘了一本手冊在你們公司裡啊？」

「沒有啊！A先生這半個月來始終不見人影，不過昨天他來過電話！」

於是，課長再度調閱A先生的營業報表，逐一打電話詢問來往的公司，結果赫然發現A先生最近半個月裡，從不曾拜訪任何客戶，但是，他爲何每天都假裝工作得很累的樣子呢？

在課長嚴厲的盤查之下，A先生當然無法給予合理的交代，最後他只好坦承私自利用白天的上班時間和一名女子熱戀約會中，因爲害怕秘密洩漏，所以每天下班之前，就佯裝疲憊不堪、滿頭大汗的樣子跑回公司。

但是，他的這種做作態度，由於和實際工作成效無法吻合，反而弄巧成拙，當然引起課長的懷疑了。

人是最會故作姿態的動物，所以，當你發現某個人工作相當賣力，但是卻毫無效率的時候，你就必須深入了解，他的賣力是否只是一種爲了掩飾心虛的演技。

# 肢體會洩漏你的秘密

懂得運用身體語言的概念，洞悉別人內心深處所隱藏的意志和感情，然後進行各種心理分析，將有助於我們更加了解人性。

很多人在玩牌時都有過這樣的經驗，當自己拿了一副好牌時，心裡自然非常高興，但又怕被別人識破，因此會儘量要求自己保持鎮靜，可是，不自然的肢體動作卻不經意地宣洩自己的秘密。

有位精心研究肢體語言的專家說，當一個人的情緒陷入異常的興奮、緊張、憂傷、恐懼之時，手腳、唇齒會不由自主地顫抖，即使平常頗爲鎮靜的人，也無法遏制這種「洩密」的肢體動作。隨著情感的變動，人的身體會產生各種不同的複雜變化。由於過分緊張，手腳就會發抖、手心會出汗、心跳會加速，尤其手掌上的汗腺，只要情緒緊繃，就會敏感地產生汗液。

這些現象都是自律神經所產生的反應，自律神經是大腦無法控制的自動裝置，測謊器就是運用這種原理製造出來的。當人受了外來的感情刺激，自律神經馬上就將訊息傳達到身體各部位，同時在無意識中，表現出許多無法克制的細微舉動來，而這些微妙的肢體變化，就是我們察言觀色時所要把握的重點。

在這些微妙的舉動之中，例如嘴角稍微的歪曲、手指間持續的彈動，都足以說明心理上的種種狀況。肢體語言學專家認爲，人們內心深處所盼望的事，一定會經由肢體動作表現出來。因此，平時我們就有必要細心觀察生活周遭每個人物的姿態及動作，揣測他們的心理變化和隱藏在內心深處的最眞實想法。

譬如，雙手交疊於胸前，或者兩腿僵硬不動的人，表示他的心理緊張，有排斥對方保護自己的念頭，至於不時觸摸身體各部份，即暗示他的心中一定有所不滿，喜歡伸展身體、摺疊手邊紙張、細物的人也都有著類似的心理狀態。

懂得運用身體語言的概念，洞悉別人內心深處所隱藏的意志和感情，然後進行各種心理分析，將有助於我們更加了解人性。

# 辦公室的「野花」別亂採

假如對方是個打扮得花枝招展的女秘書，你必須先瞭解她周圍的情況，看看是否「名花有主」，再決定是否該發動攻勢。

小王和總經理的女秘書雅麗打得火熱，雅麗在公司是出了名的美女，小王感到很得意，死心塌地愛上她，盤算著與她結婚。萬萬沒想到的是，他突然接到派往國外的調職命令。小王想不通，因爲他的外文能力不強，爲什麼上司要派他去，並且一派就是三年。但是，他並不特別難過，打算在出國之前先與雅麗結婚。於是，他鼓起勇氣向雅麗求婚。

「我不是再三地交代你嗎？我們之間的事一定要保密，想不到，你還到處宣揚我們的事。」聽了雅麗的話，小王猛然醒悟過來。

「告訴你實話也無妨，你之所以調往國外，並不是升遷，而是總經理覺得你礙手礙腳，想一腳將你踢出去而已……」

「總經理早就對我很好了。但是，我已經快三十歲了，你的出現讓我覺得人生有了依託，我正盤算如何與總經理結束這段不正常的關係，想不到你……總經理知道你和我的關係，氣得火冒三丈，所以便決定把你調到國外去。」

「既然如此，爲什麼不乾脆和我結婚？」小王感到錯愕，氣極敗壞地問了一句。

「那怎麼行？萬一他把你開除，我們倆還有什麼前途？」

就這樣，小王垂頭喪氣地獨自到國外赴任去了。

公司的女秘書，尤其是總經理或董事長「專屬」的漂亮女秘書，碰一碰都是危險。如果對方是年輕貌美的女性，則危險就更大了。

「以她的薪水，怎麼穿得起那種昂貴華麗的衣服？」如果你有這種懷疑，就要格外小心。假如對方是個打扮得花枝招展的女秘書，你必須先瞭解她周圍的情況，看看是否「名花有主」，再決定是否該發動攻勢。

# 利用「應酬」觀察對方

性格對行為會有很大的影響力，而行為則是決定成功或失敗的關鍵。多瞭解合作夥伴或競爭對手的性格，便可以做出較為準確的推算。

在商務活動中，爲了獲得某種利益，有時必須營造特別的人際氛圍。有人認爲商場就是赤裸裸的金錢關係，根本就不存在人情，所謂商務交際只講「利益」，而不講「道德」。這種說法既不準確，也不全面。我們必須知道，感情聯絡乃是商業交往不可缺少的潤滑劑，誠實與信譽更是生意人的無價之寶，它能發揮事半功倍的效果，甚至能獲得金錢所不能達到的功效。

同時，你也要明白商場如戰場，因此在商務交際中得多加提防，不可沒有防人之心。如能認眞處好自己的人際關係，它會爲帶來滾滾財源！

閑筆、閒章，對於文學作品來說，有時候會發揮很好的輔助作用。因此，有些小說或文章，總會插進一些閑筆。

閑筆，並不等於無用之筆，自然有一定的意義存在。

商務交際，就是商人們在商務活動中的閑筆。它與文學作品中的閑筆一樣，看似「閑」，其實也很有作用。

商務交際，是以另一種場合、另一種氣氛來推動商務的活動。

有些商人在商務交際活動時，有著與平時截然不同的表現。例如，有的人平時沉默寡言，在商務交際活動中卻談笑風生；有的人平時道貌岸然，但在交際應酬時遇上美麗的女性，卻會說出有失身分、有損人格的話來。

商務交際活動對於商人來說，是有其必要的，在應酬中可以觀察一個人隱藏的部分，把人看得更全面。

想要觀察一個人，首先得讓他把平時在工作環境裡看不到的一面表現出來，這樣才能把你想瞭解的人看得更透徹。

有的人認爲，商務交際活動不是正式場合，可以隨意、放鬆些，有時喝了一些酒，趁著酒興，言語、舉動便少了許多約束，眞實性情的一面也就不知不覺地流露了出來。如此一來，無論是生意上的合作夥伴或是競爭對手，都能把他的眞實性格看得更清楚，對以後彼此關係的演變會有很大的轉變。

《孫子兵法》說：「知己知彼，百戰不殆」，所謂的知，包括了對自己與對對方性格的瞭解。一個人的性格對行爲會有很大的影響力，而行爲則是決定一個人成功或失敗的關鍵所在。因此，多瞭解合作夥伴或是競爭對手的性格，便可以在心裡對他做出較爲準確的推算。

商務上的交際活動，其實就是在相互觀察對方。因此，每一個生意人都應該認眞看待商務活動，仔細觀察其他人的性格，絕對不可以掉以輕心。

# 食慾也能反應人的心理

一個人心理上的滿足與不滿足，其實可以從他的食慾觀察出。恐懼與不安，使他求助於食物，藉以發洩心中的不滿。

有些女性的食慾特別好，由於進食過量的甜食，身材一天天圓胖起來。

心理學家指出，導致食慾旺盛而饑不擇食的原因，有相當程度是因爲性方面的慾求不滿所引起的，也就是說，她們藉著口慾塡補自己的空虛，因而變得臃腫肥胖……事實證明，食慾確實能反應一個人心理上的滿足與否。

例如，許多有犯罪傾向的人，都有雜食、偏食或慢慢享用食物的習慣，這一點是心學家根據長期觀察所下的結論。

有位心理學家指出：「觀察一個人吃飯的方法，就可以了解他的為人。」事實的確如此，譬如一個喜歡囫圇吞棗的人，給人的印象往往就是隨便輕率。

有一個心理輔導專家曾經說過一個眞實案例。有一個少年離家出走，完全與學校、家庭脫離關係。警方調查他這段期間的行動之後，發現了一個相當怪異的現象，他對飲食特別感興趣，而且饑不擇食。

這位少年由於偷竊而被逮捕，訊問過程中，他一再強調的就是：「我經常覺得肚子十分饑餓！」但是，據警察調查的結果顯示，這位少年的家庭屬於中上階層，父親是高級公務員，母親是個賢慧的家庭主婦，此外，他還有一個姊姊，從小是在富裕溫暖的家庭中長大。

心理輔導專家經過進一步深入調查後，發現改變這位少年的一項重要原因是，有一天他聽到一個長輩不小心說溜了嘴的傳言——大家都懷疑這位少年不是父母的親生子。這位少年在震驚之餘，從此開始有了不法的行爲以及反常的食慾。心理學家說，這種近乎饑渴的感情需求，改變了這位少年的日常行爲，恐懼與不安的心理，使他求助於食物，藉以發洩心中的不滿。這個眞實案例證明，一個人心理上的滿足與不滿足，其實可以從他的食慾觀察出。

# 如何解除別人的心理武裝？

揭露自我的缺點，可以巧妙地引導對方喚醒這種本能欲求，使對方向你透露本身的弱點和秘密。

每個人都有不為人知的一面，或多或少都有些個人的秘密隱藏在心裡。譬如，一個成就顯赫的人，通常不願別人探知他過去的歷史，諸如工作方面曾經遭遇失敗，或血氣方剛時犯下的大錯、肉體上的缺陷……等。

每個人都有自己的理由不願被人察知某些事，因此，個人的秘密便隱藏在心底，越藏越深。

正是由於個人的心事不願外露，所以人往往裝出一副毫無弱點的樣子來與人交往，時時刻刻小心翼翼地武裝自己。

不過，當我們解除自己的心理武裝，毫不掩飾地袒露自己的缺點，對方自然也會以輕鬆的姿態和我們相交。

通常，人對於故意掩飾的行動，常會投以有色的眼光，還可能故意往壞的方面聯想。但如果我們本身不再掩藏什麼，而是坦誠相見，向對方表達信賴與好感，對方自然也會展現誠意。

退一步說，即使對方不懷好意而來，面對解除武裝、曝露缺點且採取低姿態的一方，也肯定會將惡意轉變爲好意。

如果你的對手防禦嚴密，而且表現得毫不通融的時候，你不妨先洩漏自己的弱點，使對方解除戒心。

即使經常以嚴肅態度板起臉孔斥責下屬的上司，只要你轉變態度，以信賴的姿態與他們交談，也會使工作意外地順利進行。

人類一方面將自己不願讓人知道的秘密嚴密地隱藏，一方面又渴望將自己的秘密告訴某人。其實，秘密是內心相當沉重的負擔，長久不安是很痛苦的事情，把心裡的不幸、不滿向相知的人傾吐，是人類本能的欲求。

法國思想家司湯達說：「向隨便什麼人徵求意見，敘述自己的痛苦，這會是一種幸福，可以跟穿越炎熱沙漠的不幸者，從天上接到一滴涼水時的幸福相比。」

揭露自我的缺點，可以巧妙地引導對方喚醒這種本能欲求，使對方向你透露本身的弱點和秘密。

# 別人為何會「岔開話題」？

對方會將話題岔開，大致上有三種情形。一是因為心不在焉而岔開，二是突然產生了其他聯想而岔開，另一種則是故意將話題引到別處。

在社交活動中，不論是什麼情況的會面，大都會因爲工作關係或時間限制而無法盡興，一旦對方談話脫離了主題，自己心中就會焦慮著如何改變對方的話題，如何進行手上該辦的事。

性急的人，每當對方脫離談話主題時就會顯得焦躁，並努力想辦法要將談話拉回本題。但是，如果想了解對方的內心想法，引出對自己更有利的結論，這種做法就顯得不夠聰明。

對方會將話題岔開，大致上有三種情形。

一是因爲心不在焉而岔開，二是突然產生了其他聯想而岔開，另一種則是故意將話題引到別處。

這些情形，都說明了對方的興趣和注意力，已轉向別的焦點。

因此，對於對方的談話不要打斷，讓他繼續述說一段時間。

如果是第一種情形的話，不久之後，對方會對於自己的離題感到非常詫異。第二種情形中，因爲本人並沒有忘記主題，所以能自然地釐清聯想與主題的關係；如果隔一段時間之後，對方仍然不回歸主題，就可以判斷爲第三種情形。

運用這種方法的收穫是，乍看之下是很浪費時間精力的「離題談話」，也可以成爲了解對方心思的一個絕好機會。

11

# 如何一眼就看穿騙局

我們是否一直依照自己的思想在行動？

是否依自己的主觀做決定？

還是因為貪小便宜的心理作祟而跟著別人一窩蜂？

# 他們為什麼出口成「髒」？

脫口而出的惡言並沒有什麼特別含義，而且也不會直接傷害到我們，只要把它當做欲求不滿人的胡言亂語就行了。

許多人從不在乎自己是否醜態畢露或口出穢言，口頭上常常說些不堪入耳的髒話，有時甚至在大庭廣衆之下破口大罵！

這種人口出惡言、舉止粗魯，實在是令人不敢恭維！在他們的心中，或許認爲說些髒話，才能讓自己顯得突出、特殊。

也許有人以爲肆無忌憚地口出穢言、恣意謾罵是一件痛快淋漓之事，尤其是那些粗鄙、不堪入耳的話語，他們更喜歡掛在嘴邊一吐爲快！

例如，有關性行爲方面的辱罵字眼，以及充滿性器官暗示的粗話，都經常從他們嘴裡脫口而出！聽到這些髒話的人必然心中不悅，有時就更加惡毒地反唇相譏，造成一場又一場無謂的糾紛來。

心理學家指出，這些喜歡口出穢言或任意侮辱別人的人，其實是某方面的慾求不滿，而引起心理焦躁不安的現象。如果當事人找不到紓解這些焦慮的適當方法，日漸累積的焦慮就會在某個時機中爆發出來。

爆發之時，他們不一定會挑選特定對象發洩，只要一有機會，不管何時何地，都會宣洩心中的躁鬱，使得與他們接觸的人遭受無妄之災。這種場面往往很尷尬，當雙方無法抑制自己的怒火，忍無可忍之時，就會釀成肢體的格鬥。

由於慾求不滿而產生的惡言惡語，當事者脫口而出時，根本不曾考慮後果，也不會注意別人是否被傷害。

所以，除了有心人士蓄意爲了打擊別人，而事先磨練一些惡毒言語之外，我們對於別人的髒話穢語大可不必加以理睬。

因爲，這種脫口而出的惡言並沒有什麼特別含義，而且也不會直接傷害到我們，只要把它當做欲求不滿人的胡言亂語就行了。

# 越緊張越容易盲從

我們能夠拆穿的，只不過是一些小把戲，商場上的宣傳技倆、政見發表、求職時的種種騙術，想要一眼就洞悉，並不是那麼容易！

做生意的人，為了掏空客人的荷包，時常想出各種花招。如果我們仔細觀察，就不難發現他們對「如何使消費者多花錢」所下的功夫，的確令人折服。

有一位超級市場的老闆就以自己的經驗現身說法。

他說，一般超級市場打烊前的一個鐘頭是「黃金時間」，在這段時間內，業者會加強燈光的照明，把背景音樂換成節奏輕快明朗的曲子，所有的店員都必須全神貫注，尤其是新鮮食品部門，店員高喊：「歡迎惠顧！」使整個超級市場充滿了高昂的氣氛。

一般的家庭主婦們處在這種氣氛中，判斷力通常會受到干擾，造成衝動性的瘋狂搶購。這種心理戰術的技巧在於，音樂愈大聲、照明愈明亮，顧客心理愈緊張，就愈容易衝動。

當然，在這種緊張的氣氛裡，顧客根本無心久留，一心一意只想買了就走，如此一來，更增加了熙熙攘攘的氣氛，顧客也更容易盲目搶購。

時常運用這種方法，而又發揮得淋漓盡致的，就屬車站和機場的候車室、咖啡廳、店舖、餐廳……等。這些地方不但缺乏隔音設備，反而以明亮的燈光、喧擾的人聲來製造緊張效果，我們甚至可以說，這通常是業者和機場、車站串通好，共同來應付行色匆匆顧客。

只要仔細觀察，就不難發現社會上這一類的伎倆到處都是，我們能夠拆穿的，只不過是一些小把戲，至於商場上的宣傳技倆、政見發表、求職時的種種騙術……想要一眼就洞悉，並不足那麼容易！

## 單純是一種巧妙的心理陷阱

言詞越簡潔，越能吸引人。對那些言詞簡練有力的人，必須小心應付，因為單純其實是一項巧妙的心理陷阱。

控制人類心理的技巧以單純化爲主要原則，希特勒以及他的助手戈貝爾斯，就相當善於利用這種技巧來控制群衆。

「言詞越簡潔，越能吸引人。」這是希特勒語錄中的名言之一。戈貝爾斯也曾經說：「宣傳就像雕刻，必須簡潔而有力。如何以淺顯易懂的言詞，將一件事情解釋明白，比起在專家學者面前解說問題更加費工夫。」

希特勒與戈貝爾斯都十分善於運用單純化原則，所以能興風作浪，在歷史上製造了巨大的動亂，爲人類帶來空前的浩劫，至今仍讓人心有餘悸，難以忘懷。

電視就是運用單純化原則最明顯的大眾傳播工具。或許有人已經發現，電視節目主持人有種明顯的趨勢，他們將收看電視節目的觀眾視爲戲弄的對象，尤其是一般性談話節目。因此，從事電視節目工作的人員，必須具備下列才能：

1. 聲音要清晰宏亮。
2. 能夠將結論提出。
3. 必須先提出結論，再做仔細的解釋。
4. 善於做生動的譬喻。
5. 能夠在三十秒鐘內講出一段頭頭是道的完整言論。

顯然上述五項條件均以單純化做爲原則，重點在於能將難以理解的事情以淺顯的言詞描繪出來，如此才能誘導觀眾。因此，大多數出現在電視節目中的人物，幾乎都是說話明快、字字珠璣的模樣。

我們對那些言詞簡練有力的人，必須仔細觀察、小心應付，因爲單純其實是一項巧妙的心理陷阱。

# 想要出人頭地，就不要死心塌地

想要出類拔萃，必須先接近對自己有利的人物，進一步則要接近更高層的有力人士，拋卻從前來往過的一些人物，保持新結交關係。

大凡能在競爭激烈的社會出人頭地、脫穎而出的人，多半不會將自己固守於某一定點。人的一生畢竟有限，能夠出類拔萃的人，就是能在短暫時間內，將晉升的距離縮短，或者增強向上攀越的能力。

長久停留在同一個位置上，不求變動，除了保持現狀之外，別無任何好處可言。而且，在同一個地方循環移動，對前途而言，也不可能有所裨益，因爲，任何事情只要經歷一次即可，不必一再重複，這是出人頭地的首要原則。

所以，想要出類拔萃，必須先接近對自己有利的人物，一旦達成目的，進一步則要接近更高層的有力人士，拋卻從前來往過的一些人物，保持新結交關係。

這種晉升方法就像爬階梯一樣，一步一步地往上直竄。

有些急於出類拔萃的人，並不覺得一步一步往上爬是必要的，只利用適合於自己的某一部份，利用之後，關係亦告終結。

這種做法固然現實得嚇人，然而，但卻是現代社會中普遍存在的人際關係。

由此看來，爲了出類拔萃，凡事最好不要死心眼；在職場上與人推心置腹地深交，有時甚至會被認爲是愚蠢的事情。

這種立身處世的原則是，儘量在短時間內與衆多人物進行廣泛的交往，爲此，必須學會立即掌握他人心理的能力，養成不依賴別人的自立精神，同時也不能過分沉溺於感情之中而無法自拔。

也就是說，在這個十倍速變化的新時代，必須經常保持冷靜的自覺力，才能如願以償地盼期到出類拔萃的那一天。

# 如何一眼就看穿騙局

我們是否一直依照自己的思想在行動？是否依自己的主觀做決定？還是因為貪小便宜的心理作祟而跟著別人一窩蜂？

好幾年前，發生了一件轟動社會的行騙手法，騙局中的受害者，是一群老舊社區的家庭主婦。

這些主婦們平日省吃儉用，買起東西錙銖必較，居住在擁擠不堪的小公寓，但是卻在精心設計的騙局中，爭先恐後地掏腰包去購買超出原價數倍的商品。

騙局的主角利用巧妙的心理學，先搭起棚子，掛出了「促銷大減價」的看板，然後抬出一簍簍昂貴的高級水果，以半價拋售，傾銷之後再拿出市價兩三百元的商品，大喊：「每件一百元！真正便宜！」

非但如此，他們還附贈送精美贈品，凡購買商品的人，一律加送大型洋娃娃一個。這麼一來，主婦們個個笑逐顏開，買不到商品的則大呼倒楣，心中暗想：「不管下批貨是什麼，一定要搶到手！」

拍賣場的氣氛十分踴躍，人人心存「不買就會吃虧」的心理。就在這個時候，他們抬出了一張張雙人床，高喊：「又柔軟又舒服，保證一覺到天亮！每張只賣三千元！」話還沒說完，人家蜂擁而上，轉眼之間便銷售一空。其實，這種床鋪市面上的售價不到一千元！

看了這個事件，我們不妨回想一下，我們是否一直依照自己的思想在行動？是否依自己的主觀做決定？還是因為貪小便宜的心理作祟而跟著別人一窩蜂？

經過思考之後，我們一定會發覺，在平常生活中，人們的意識經常會受到各種意外現象的干擾與誘惑。前面所說的雙人床騙局，就是一個很好的例子。唯有保持冷靜的判斷力，才能不受眼前的小利誘惑，一眼看穿別人精心安排的騙局。

# 竊竊私語，有時是個騙局

想要某人知道一件事，與其當面告訴他，不如假裝不知道他在場，而與朋友竊竊私語，在談話中把希望讓他明白的事情編織進去。

心理學上有「偷聽的效果」這個名詞，意思是說，一則訊息從對方直接聽來，反而不如經由偷聽談話，更容易令人相信。也就是說，一個與自己無利害關係的第三者，他所講的話雖然令人覺得不太可靠，但是由於心裡認爲此人對自己沒有任何惡意，所以往往在不知不覺中，便掉入陷阱中，難以自拔。

根據美國社會學家布洛克與培加的調查，偷聽的傳達效果極爲巨大。譬如，經常發生的銀行擠兌事件，原因往往出於某些人士故意神秘兮兮地說：「銀行最近不太安全！」不料，話一傳出去，使得存戶爭先恐後的奔向銀行擠兌，將櫃檯的窗口團團圍住，造成銀行幾乎倒閉的危機。

那麼，如果有意利用「偷聽的效果」，將會製造什麼情況呢？

在美國曾經有人根據這種心理結構，創設一家散播竊聽效果的「謠言製造公司」。它以兩人或三人爲一小組，接受特定契約的委託，在足球場、棒球場、地下道、或者是百貨公司裡，在人群擁擠處竊竊私語，藉以傳播消息給大衆，他們往往小聲地交談，但發出的音量又恰好使周圍過往的人們聽得到。

結果由於傳言A食品工廠有罹患傳染病的工人，而使該公司的產品因而滯銷；由於傳言B公司在戰爭時曾暗中支助希特勒，而使該公司的聲譽嚴重受損。

我們平常也可以利用這種方法，例如，想要某人知道一件事，與其當面告訴他，不如假裝不知道他在場，而與朋友竊竊私語，在談話中把希望讓他明白的事情編織進去，當事人一定會誤認爲這是我們的眞心話。

竊竊私語大都是不願讓第三者知道的秘密，這有可能是事實，但有時也會是騙局或陰謀，要詐的一方故意以竊竊私語的方式出現，目的就是要使人上當。因此，道聽塗說的消息絕不可盲目相信，必須仔細分析，才不致受到矇騙。

# 腳部會透露人的心思

腳部動作確實是表達人類感情的一大重點，這是大多數肢體語言專家所承認的結論。

人的雙腳有時也會洩漏秘密，根據肢體語言學的理論，腿部和腳部都是傳遞訊息的最佳工具。如果我們仔細觀察那些站在車站或戲院門口等人的人，從林林總總的等人姿勢就可以印證這種說法。我們時常可以看到有人用雙腳猛踏地面、兩眼四處亂飄，有的人更是不停地踱來踱去。其實，這種腳部的動作，正意味著一個人內心處於焦急不堪的狀態。

人的腳部對外界事物的感受相當敏感，例如，當一個人聽到搖滾音樂或流行音樂演奏之時，身體最先反應的部位就是雙腳，接著才是雙手，然後搖頭晃腦，然後身體其他部位跟著動起來。這是因為外界的刺激牽動腳部的運動。前述那些站在車站前以及戲院門口等人的人，就是因為等候的對象遲遲未到的刺激，牽動了腳部的動作，而表現出不安的神情。

有位汽車推銷員挨家挨戶拜訪客戶的時候，往往能夠憑著敏銳的觀察力，判斷出一個家庭的「當權者」到底是誰。他所掌握的重點就在腳部，特別是兩腳交叉的動作。例如，當他向一對夫妻推銷時，如果發現女主人先換腳交叉，然後男主人才跟著妻子改換姿勢，他就可以確定這個家庭的掌權者是女主人。因此，他只要針對女主人多下功夫，成交率就可以高達百分之九十以上。

腳部動作確實是表達人類感情的一大重點，這是肢體語言學家所承認的結論。例如，當你赴約時，倘使未能準時到達，你不妨試著觀察對方腳部的動作，就能明白他內心的想法。

如果他老是用腳打著拍子，就表示他對時間非常在乎，你最好從此嚴守時間，不要再遲到，否則下一回對方可能就會給你臉色看，你們之間的關係也會因此而出現嫌隙。

# 把別人的中傷變成自己的能量

我們對某人或某物擁戴時，一切有關他的不利情報，均會置之不理，此種心理，心理學家菲斯汀加稱為「認知性的不妥協理論」。

雖然受到他人的中傷或批評，並不是件好事，但是就如同轉禍爲福一樣，受到他人中傷時，如果應付得體，也可以將這種批評或中傷，轉變爲對自己有利的情勢。

因爲，一般人總是對受壓迫的人，給予較多的同情；另一方面，被中傷的人也會認爲：「這種處境實在太危險了，必須想個辦法解圍！」因此，會產生比中傷當時更強烈地約束自己的念頭，並促使自己站起來抵抗對方。

許多官司纏身或捲入緋聞風波的民意代表，之所以能夠相繼當選，也是這種心理作用所造成的結果。

每到選舉期間，街頭巷尾便會散發許多競選傳單，候選人總是將自己捧得像包公再世一般，而將對方攻擊得一無是處。但是，此種手段不但無法混淆選民的視聽，使他們背棄對手轉而支持自己，相反的，它還可能成爲強化對方的力量。

換言之，以打倒對方爲目的的中傷行爲，時常會成爲對方更堅強地站立起來的助力。因此，人們有時爲了振作己方陣容的志氣，會故意製造一些中傷自己的謠言。舉世聞名的K飲料公司，就曾應用這種心理作用。

該公司的銷售紀錄一直高居第一位，爲普受歡迎的名牌飲料，因此，經常受到同業的批評與中傷，如果要一一辯駁，實在是疲於應付。因此，該公司的宣傳部門，集合群力絞盡腦汁，終於想出一個好計策，即製造「反K飲料」的新聞。

他們將所有對K飲料的批評與中傷，完完全全記錄下來，繼而將這些對自己不利的說詞集中整理，然後秘密的刊載於報章雜誌上，任人批評。沒想到這麼一來，消費者的心理奇妙轉變了。

他們認爲，「受到這樣惡意的攻擊，銷售紀錄卻依然能夠高居第一位，若非極爲優良的產品，哪有這種能耐！」因此，對K飲料的中傷與批評毫不在意，而認爲飲用此種商品，表示自己的勇氣與眼光，所以該公司的銷售量，仍然繼續保持領導的地位，這正是一種善用中傷的反間計。

當我們對某人或某物擁戴時，一切有關他的不利情報，均會置之不理，此種心理，美國心理學家菲斯汀加稱之爲「認知性的不妥協理論」。

因爲，要是聽到對自己所喜愛人物的不利批評，就輕易相信、接受的話，不就等於承認自己判斷的不當？這麼一來，不但無法從自己的喜愛中獲得快樂，反而會滿心的懊惱與後悔。所以，大多數的人對此種不利的報導，一開始便產生拒絕的心理，既不願意聽也不願意看。

我們應該謹記這種心理機能，並妥爲應用，而不受它的擺佈。

# 不要誤闖別人的「心靈地盤」

人類是具有強烈「地盤」意識的動物，因此，千萬不要任意闖進別人的地盤，否則便會招來不必要的紛擾。

假設你是一個新進員工或公司裡年紀較輕的職員，有一天被經理叫進經理室交代事項，通常經理會神色自如地從辦公桌旁的角落邊拉出一張椅子，然後請你坐在辦公桌前。心理學家指出就行爲語言的角度而言，那張區隔彼此界線的辦公桌，正是經理宣示自己領域的小道具。

經理請你坐在辦公桌的前面，就是技巧性地利用小道具，強調自己身分的技術和手腕。我們可以說，這張桌子是經理「自我」的延伸，或者說它扮演著捍衛經理「心靈地盤」的角色。

人類與其他動物的「示威」行爲具有差異的地方是，人類能將擴大自己地盤的道具加以有效的應用。一張桌子，或者某些等殊物品，都具有宣示「地盤」的能力，也具有心理上的特殊意義！

高速公路上經常出現飛車追逐，其實也是這種「地盤意識」作祟的結果。當你悠閒地駕著車，以正常速度行駛時，忽然從旁竄出一輛汽車超越了你，這時你的感覺一定不太舒服，不禁心裡頭暗自咒罵，於是興起了超車的念頭！

當然，並不是每個人都會有這種衝動，但大致說來，精神上的不愉快總是免不了的！因爲，一旦有人侵犯了我們的地盤，被侵犯的感覺使我們覺得不舒服！

所以，經理要你坐在他的桌子前面，就是想利用桌子宣示自己的地盤，不過這一類行爲，大都是在無意識中進行的。

人類是具有強烈「地盤」意識的動物，因此，千萬不要任意闖進別人的地盤，否則便會招來不必要的紛擾。

## 誇張，顯示一個人的慾望

有一種人把弄虛作假當做自己的第二職業，看起來好像都很風光，但實際上卻經常被人追債，這樣的人經常存在於你我生活之中的。

一邊親密的接觸對方身體一邊談話的人，是怎樣的性格呢？

有的人即使是對第一次見面的人，也會很自然地接觸對方的身體，滿臉笑容的一邊和對方談話，一邊和對方握手或者拍對方的肩膀，似乎認爲只有身體的接觸才是唯一的交流的管道。這樣的人一般都很有精力、很豪爽、也讓人覺得很喧鬧。

這種人一般是經過辛苦才上升到目前的地位，是很喜歡多管閒事的人，另外也包括那種看感人電影時會流淚，喜歡說教的人。

這樣的人認爲只要依靠自己的力量，就可以不斷的前進，所以都不怎麼聽得進別人的建議，而且總是喜歡講自己的豐功偉業。

以下的描述可能可以讓你的腦海中浮現出具體的形象：這種人一般在一流企業的白領階層中是看不到的，而更常見於一些中小企業的老闆或雇員、商店街的意見領袖或者是政治家等。

這樣的人一般不會太關注周圍，性格上不太堅強。因爲他們很喜歡侃侃而談，碰到這樣的人時，一定會聽他們說個不停。

不過，因爲他們的本性是很善良的，所以在聚會上見面時，他們可能會挽著你的手臂帶你到處走，介紹你認識各式各樣的人，雖然和這樣的人交往會很辛苦，但是這樣的人多半不會在小事上斤斤計較，也較不會記仇。

另外，對不認識的人也可以很平靜地和對方打招呼的人，又是怎樣的性格？

有一種人把弄虛作假當做自己的第二職業，總是在晚會現場左右逢迎，雖然看起來好像很引人注目，但你會看到他不久前正和一個人說著話，一會兒又到另外一個地方向另一個人遞名片；你以爲他在向主辦單位說著好話，沒有想到他又到其他的朋友中間批評主辦單位：「這樣的晚會眞是無聊極了。」而且他在說話的時候，還在不斷物色下一個目標，是一個很不安定的人。

這樣的人一定是很想使自己引人注目，並有著很強的自我顯示慾望。這樣的人如果成爲推銷員的話，一定能成功將產品推銷出去，可以說是對工作很熱心的人，業績應該也還不錯。

但是，如果碰到商品的售後服務或顧客的投訴時，這樣的人就很容易暴露出自己的弱點了，因爲對於這樣自我顯示慾望強的人而言，他們總是想站到聚光燈之下，因此面對突然來臨的大宗買賣，可能會迅速地完成，但是一旦碰到顧客投訴的時候，他們卻會百般推託、逃避。

如果是能讓自己引人注目的事情，他們不管是什麼都會去做，但那些幕後的工作都會交給別人去做。這些人看起來好像都很風光，但實際上卻經常被人追債，這樣的人經常存在於你我生活之中的。

# 看透對方心思超強讀心術

作　　者　楚映天
社　　長　陳維都
藝術總監　黃聖文
編輯總監　王　凌
出 版 者　普天出版家族有限公司
　　　　　新北市汐止區忠二街 6 巷 15 號
　　　　　TEL / (02) 26435033 (代表號)
　　　　　FAX / (02) 26486465
　　　　　E-mail：asia.books@msa.hinet.net
　　　　　http://www.popu.com.tw/
　　　　　郵政劃撥 19091443 陳維都帳戶
總 經 銷　旭昇圖書有限公司
　　　　　新北市中和區中山路二段 352 號 2F
　　　　　TEL / (02) 22451480 (代表號)
　　　　　FAX / (02) 22451479
　　　　　E-mail：s1686688@ms31.hinet.net
法律顧問　西華律師事務所・黃憲男律師
電腦排版　巨新電腦排版有限公司
印製裝訂　久裕印刷事業有限公司
出 版 日　2020 (民 109) 年 11 月第 1 版
ISBN◉978-986-389-746-0　　　條碼 9789863897460


國家圖書館出版品預行編目資料

看透對方心思超強讀心術／
楚映天著.—第 1 版.—：新北市,普天出版
民 109.11 面； 公分. - (智謀經典；35)
ISBN◉978-986-389-746-0 (平裝)

智謀經典
35

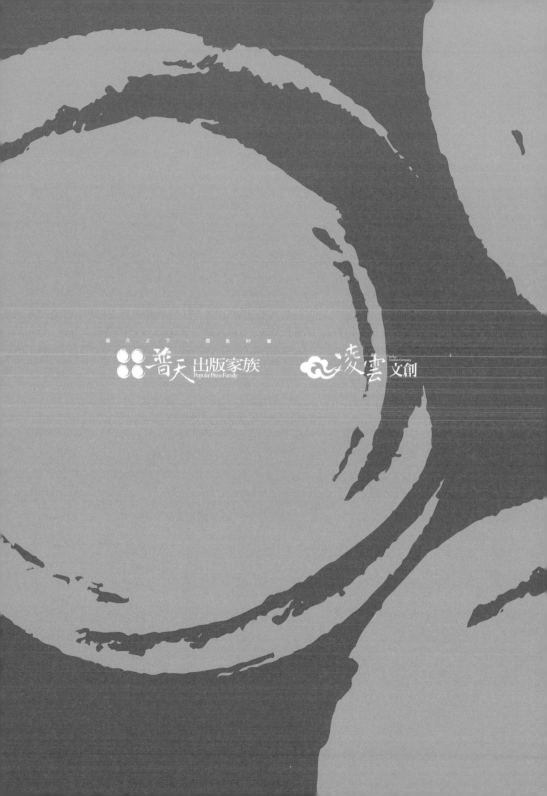